ゼロからわかる!

フリーランス、自営業のためのお金の超基本

家計再生コンサルタント 横山光昭

アスコム

「お金の超基本」さえおさえれば、
貯金も、節税も、
老後の備えも思うがまま！

もう、お金で悩むことはなくなります！

まずは、あなたの「お金の現状」をチェックしましょう。
左の6つの項目は、「お金の超基本」。
できているものには○を、
できていないものには×をつけてみてください。
チェックリストのうち、2つ以上×がある人は、
「ちょっと心配」かもしれません。

フリーランス、自営業のための
お金の超基本チェックシート

- □ 毎月、お金の管理をしている
- □ 売上と所得の違いを説明できる
- □ 国民年金保険料を払っている
- □ 国民健康保険料を払っている
- □ 確定申告は青色でやっている
- □ 生活費１年分以上の貯金がある

フリーランス、自営業の人にとっては、この6つが、お金の超基本かつ大切な指針であるといえます。

「節税する」「自由に使えるお金を増やす」「退職金（老後の資金）を準備する」ためにも、ぜひ、全部に○がつくようにしましょう。

お金の管理をずっと続けるのは、なかなか大変です。そこで、この本では「これをやるだけでいい！」

「カンタンでおトク!」なお金の管理術を紹介しています。

いずれも、誰にでもできて、効果の高いものばかり。この方法で多くの方が、節税できたり、貯金が増えたりしています。

興味のあるところからでかまいませんので、ぜひ、ページを開き、お試しください!

はじめに

定年はなくても、いつまでも働けるわけではない

こんにちは。家計再生コンサルタントの横山光昭です。

今、この本を手にしている人のほとんどは、フリーランスもしくは自営業者として働きつつ、ご自分の今後の生活や将来に関して、何らかの不安を持っておられるのではないかと思います。

「収入はそれなりにあるし、ムダ遣いをしているつもりもないのに、なぜか手元にお金が残らず、貯金もできない」

「今はいいけれど、歳をとっても同じように仕事をもらえるのだろうか」
「病気やケガで働けなくなったらどうしよう」
「老後の資金として、年金以外に2000万円必要だと言われているけれど、目の前の生活でいっぱいいっぱいだし、退職金もないのに、2000万円ものお金を作れるだろうか」

こうした悩みや問題を抱えている人は、たくさんいるのではないでしょうか。

フリーランス、自営業の人は、ただでさえ弱い立場に立たされがちです。収入には波がありますし、いざというときに会社が守ってくれるサラリーマンと違い、退職金も社会保険も十分ではなく、病気やケガで働けなくなったら、たちまち生活に困ることになります。

また、「フリーランスや自営業の人には定年がなく、何歳になっても働くことができる」といわれますが、たとえば、同年代以上の担当者とのつきあいが多い場合、その担当者たちが現役(げんえき)を退いたり会社を辞めたりすると、仕事が入ってこなくなるおそれがあります。

新型コロナウイルス、大不況…。経済状況の変化をダイレクトに受けやすい

社会環境や経済状況の変化の影響をダイレクトに受けやすいのも、フリーランス、自営業の人たちです。

2020年3月には、新型コロナウイルスの影響により、特に飲食業やエンターテインメント関係者が経済的な打撃を受け、フリーランスや個人事業主向けの支援策が講じられることになりました。

その内容は、最初のうちは「委託(いたく)を受け、個人で仕事をしている人が、2月27日から6月30日の間で、子どもの世話を行うために就業(しゅうぎょう)できなかった日について、1

日あたり４１００円（定額）を支給する」（小学校休業等対応支援金）というものや「無利子で20万円までの融資を受けられる」（緊急小口資金）というものでした。サラリーマンの場合は、小学校休業により休んだ間に支払われた賃金相当額（１日上限８３３０円）が事業主に支払われますが、フリーランスへの補償はその半額程度であったため、一時話題となりました。

時間の自由は効くし、やりたい仕事ができる可能性も高いし、職場の人間関係のストレスからは解放されるけれど、主に金銭面で不安や悩み、トラブルを抱えることが多い。

残念ながら、それが、フリーランス、自営業の人たちの実態です。

また、好きな仕事ができること、人間関係のストレスがないことがフリーランスの長所なのに、お金がないばかりに、やりたくない仕事をやる羽目になったり、好きでもない人と仕事をしなければならなくなったりする恐れもあります。

自由を求めてフリーランス、自営業という道を選んだのに、気がつけば、時間の自由もなくストレスだらけになっている。

そんな人もいるのではないでしょうか。

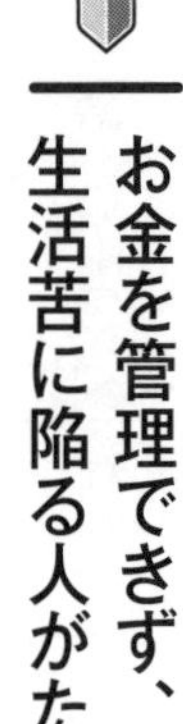

お金を管理できず、生活苦に陥る人がたくさんいる

私はこれまで、数多くのフリーランス、自営業の方の相談に乗り、家計を見てきました。

その中で強く感じるのは、「ギャラの交渉をしっかりやり、日々の収入や支出を完璧に把握し、節税対策もきちんとやっている」という人がいる一方で、自分のお金をまったく管理できていない人もたくさんいるということです。

特に、かつて十分な収入が得られていた時期もあったはずなのに、50代や60代になったとき、貯金がまったくなかったり、借金を抱えていたりする人もいますし、年金や国民健康保険料すら払っていなかった人もいます。

お話をうかがっていると、

「忙しくて、いちいち収入や支出をチェックしていられない」
「サラリーマンと違って、収入にも支出にも波があるため、毎月何にいくら使い、いくら貯金する、といった計画を立てるのが難しい」
「将来仕事がどうなるかわからないのに、先の生活のことまで考えられないし、考えたくもない」
「年金なんて、払ったってもらえるかどうかわからない」

といった理由から、お金を管理することを放棄（ほうき）し、「何とかなるだろう」とその場その場で必要なもの、ほしいものにお金を使ってきた結果、収入が少なくなると同時に生活苦に陥（おちい）ってしまった……というケースが多いようです。

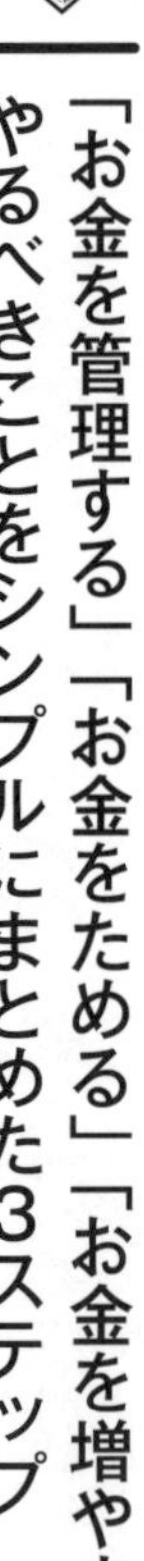

「お金を管理する」「お金をためる」「お金を増やす」。やるべきことをシンプルにまとめた3ステップ

こうしたリアルな声を踏まえて、フリーランス、自営業の人たちが、できるだけ手間や時間をかけずにお金を管理し、お金をため、お金を増やし、いざというときや老後のための資金を作ることができる方法を考えたいと思い、まとめたのが、この本です。

この本は、次のような構成になっています。

まず第一章では、フリーランス、自営業の人がおさえておくべきお金の超基本的な知識をまとめました。

第二章から第四章までは、フリーランス、自営業の人が、今を楽しく生き、将来お金に困らないために必ずやるべきことを、「お金を管理する」「節税しながらお金をためる」「お金を増やす」の3ステップに分けて紹介しています。

そして第五章では、病気やケガで働けなくなったり、不況にみまわれ仕事がなくなったりして、生活が立ち行かなくなったとき、何をすればいいのか、どこに頼ればいいのかをお伝えしています。

時間がないという方には、ぜひ第二章から第四章までの３ステップだけでも読み、実践（じっせん）していただければと思います。

家計簿をつける、複雑な計算をするなど、面倒なことはいっさい必要ありません。

実際、私のところに相談に来られたフリーランス、自営業の方々にも、よくこの３ステップをご紹介するのですが、おかげさまで、

「それまで、10年かけて１００万円ためるのがやっとだったけれど、３年間で５００万円、８年間で１０００万円ためることができた」

「お金の不安が少なくなったおかげで、余計な仕事を断れるようになり、一つひとつの仕事への集中力と精度が上がったし、自由な時間が増えた」

「お金が原因でぎくしゃくしがちだった家族の関係が改善された」
「老後の資金をためることができ、心配でしかなかった老後を楽しみに思えるようになってきた」

といったご意見をたくさんいただいています。

実は私自身、現在でこそこのような仕事をしていますが、もともとはお金にだらしがないほうでしたし、ファイナンシャルプランナーとして独立してしばらくの間は、収入も少なく、どうにも運転資金が足りなくて、金融機関から借り入れをしたりしたこともあります。

しかしそんな私だからこそ、フリーランス、自営業の人たちの大変さはよくわかっていますし、どのようにお金を管理し、どのようにお金をため、増やすのが、みなさんにとって一番よいかもわかっているつもりです。

２０１９年に内閣府が公表した推計によると、フリーランスとして働いている人は、３０６万〜３４１万人。

その中には、本業を持ちつつ、副業でフリーランスとして働いている人も含まれますが、フリーランス人口は今後も増え続けると考えられます。

この本が、あらゆるフリーランス、自営業の人たちにとって、お金の悩みや不安から解放され、楽しく仕事をし豊かな生活を送るための一助となれば幸いです。

CONTENTS

はじめに 8

定年はなくても、
いつまでも働けるわけではない 8

新型コロナウイルス、大不況…。
経済状況の変化をダイレクトに受けやすい 10

お金を管理できず、
生活苦に陥る人がたくさんいる 12

「お金を管理する」「お金をためる」「お金を増やす」。

やるべきことをシンプルにまとめた3ステップ 14

第1章 フリーランス、自営業のためのお金の超基本

01 ☑毎月、お金の管理をしている 26

02 ☑売上と所得の違いを説明できる 36

03 ☑国民年金保険料を払っている 46

04 ☑国民健康保険料を払っている 56

05 ☑確定申告は青色でやっている 64

06 ☑生活費1年分以上の貯金がある 72

第2章

フリーランス、自営業のためのお金の管理術

07 事業用と家計用、まず2つのカードを用意する 80

08 「経費」を使うのは本当にトクなのか？ 節税になるか？ 88

09 家計費は、「手取り額」をベースに考える 98

10 経費の見落としに要注意 110

第3章 フリーランス、自営業は青色申告でしっかり節税しよう

11 白色から青色に変える。それだけで数十万円も税金が減らせる —— 118

12 青色＋小規模企業共済。これで、ぐんぐん税金が安くなる —— 128

13 小規模企業共済で節税しながら退職金も作ろう！ —— 136

14 まだまだある青色申告の節税効果、まとめ —— 146

15 「経費を使って課税所得を減らそう」という考え方はNG —— 154

16 これだけおトクな青色申告！ 申請は3月15日までに！ —— 160

17 確定申告の書類は、オンライン（e-Tax）で提出しよう！ —— 168

第4章

フリーランス、自営業こそ、積極的にお金を増やそう

18 将来働けなくなったら…。その不安を解消できるのは、投資だけ!（貯金ではない） 178

19 投資をするなら、まずはつみたてＮＩＳＡが一番おすすめ! 190

20 あなたの将来を「世界最強の会社」に任せよう 202

21 一度、投資を始めたら2～3年は続けてみよう! 212

第5章 フリーランス、自営業のためのいざというときのセーフティネット

22 まずは自治体、自立相談支援機関に相談しよう 226
23 借金がある人は債務整理を考えるべきである 234
24 不況のとき、仕事がないときこそ気をつけたいハラスメント 240
お金の超基本プラスアルファ 246

おわりに　251

貯金、小規模企業共済、つみたてNISA…。
何から手をつけたらいいか悩んだら　251

フリーランス、自営業にとっての副業　253

お金の超基本

第1章

フリーランス、自営業のためのお金の超基本

☑毎月、お金の管理をしている

なぜ、毎月のお金を管理しなくてはならないか。理由がぱっと浮かびますか？　老後のため？　それとも夢のため？　実は違います。毎日を安心して楽しくすごすためです。お金をしっかり管理すれば、あなたの生活は、人生は、不安の少ないものになります。

お金を管理する人は…

前向き。毎日の生活を楽しんでいる。不安がない。

お金を管理しない人は…

イライラし、憂鬱（ゆううつ）になりがち。お金がないと不安になる。

フリーランス、自営業の人が、何よりもまずやるべきこと。
それは**「お金を管理すること」**です。

そして、お金を管理するというのは、具体的には「自分の収入と支出をしっかり把握し、何にいくら使うかをコントロールすること」です。

このように書くと、「そのくらい把握している」「ムダ遣いなんて全然していない」と言う人もいるかもしれませんね。

しかし、「収支を正確に把握できていない人」「自分でも気づかないところで、たくさんムダ遣いをしている人」は非常にたくさんいるのです。

脅かすつもりはないのですが、現代日本には、みなさんが思っている以上に、
「老後破産」確実な人がいます。

「はじめに」でも触れたように、かつて十分な収入が得られていた時期もあったは

ずなのに、50代や60代になったとき、貯金がまったくなかったり、借金を抱えていたり、というフリーランス、自営業の人は少なくありません。

理由はそれぞれにあるでしょうが、「お金の管理がきちんとできておらず、ついお金を使ってしまった」というケースがきわめて多いのです。

ですから、みなさんには「お金を管理すること」の重要性をしっかり認識していただきたいと思います。

それができるかどうかで、みなさんのこれからの生活、これからの人生が大きく変わるからです。

とはいえ、毎月、いくらお金が入ってきているか、いくら使っているか、しっかり把握するのは案外難しいものです。

私のところに相談に来られるフリーランス、自営業の方も、よく「お金の入るタイミングも金額もバラバラだし、いつ何に使うかは仕事にもよるし、なんだか面倒で、特にお金の管理はしていない」とおっしゃいます。

たしかに、入金一つとっても、毎月ほぼ同じ額が決まった日に入金される会社員とは異なり、フリーランス、自営業の人は、月ごとに入金額が違ったり、取引先ごとに入金日が違ったりします。

「お金が入った日が給料日」という感覚の人もいるでしょう。

お金の管理を「面倒くさい」と思ってしまうのも仕方ないかもしれません。

また、フリーランス、自営業の人にとっては、**「月々の収入が安定しない」「収入が増えていかない」というのが最大の悩み**です。

たまたま多いときもあれば、少ないときもあったり、社会経済に何かしらの問題が発生すると、すぐに発注が減ってダメージを受けたり。

体調を崩して働けなくなっても、サラリーマンのように休業補償が出るわけでもなく、昇給もありません。

むしろ、年齢を重ねれば重ねるほど、仕事が減り、収入が減っていくというケースが多いのではないでしょうか。

実際、フリーランス、自営業の人へのアンケート調査を見ると、就業環境や仕事内容、仕事上の人間関係、仕事の達成感などについては、多くの人が満足しているのに対し、収入については不満を抱えている人が圧倒的に多いようです。

私は今まで、少なくとも数千人のフリーランス、自営業の方に会い、話を聞いてきましたが、「お金の管理をしていない」「お金の管理が面倒くさい」と考えてしまう背景には、「収入が安定しなかったり、増えていかなかったりするため、将来の見通しが立たない」「収支をきっちり計算すると、現状や将来への危機感や不安が強くなりそうで怖い」「生活に余裕がない中、どうなっているかもわからない老後のために、今からお金を管理する気になどなれない」といった思いや悩みも、非常に強くあるように感じます。

しかし、ここで強くお伝えしたいのは、「お金の管理をするのは、別に老後のためではなく、不安な気持ちになるためでもない」ということです。

では、なぜ、何のためにお金を管理するのか？

究極的には、「毎日を楽しく生きるため」です。

お金を管理するかしないかで、あなたのこれからの生活や生き方が大きく変わるのです。


ここで、お金を管理していない人とお金を管理している人、それぞれの特徴（横山調べ）を見てみましょう。

いかがでしょう。

どちらの方が、毎日を楽しく過ごせそうでしょうか。


お金を管理できるようになると、何事においても優先順位がきちんとつけられる

お金を管理していない人の特徴

お金の使い方	・「売上＝使えるお金」と思い、使ってしまう ・「今日ぐらいいいか」とお金を使いすぎる ・ムダな買い物が多く、お金が残らない ・本当に欲しいものが買えない ・買い物でストレスを発散している ・年齢の割に貯金が少ない ・借金がある
性格や生活スタイル	・物事の優先順位をつけるのが苦手 ・時間の管理が苦手で、スケジュールに余裕がない ・仕事に集中できない ・物事を中途半端に投げ出すことがある ・ちょっとしたことで追い詰められやすい ・「私、お金がないから」などと、自虐(じぎゃく)的になる ・ふとしたとき、将来が不安になる ・イライラしやすい ・部屋や玄関、冷蔵庫が汚い ・将来、自分がどうしたいかよくわかっていない ・友人との飲み会が楽しくない ・夫婦で将来の話を前向きにできない ・心から楽しむ余裕がない ・友人とのつきあいがおっくう

お金を管理している人の特徴

お金の使い方	・支出の優先順位がついている ・急な出費にあわてず、余裕がある ・財布のひもがかたい。節約をしている ・本当に欲しいものだけにお金を使う ・買ったものを大切にする ・毎月の貯金をしっかりする。少額でもためられる
性格や生活スタイル	・生活の満足度が高い ・仕事への意識が高い。目標がある ・日々を楽しむ余裕がある ・何事にも「これで十分」と思える ・時間の余裕がある ・待ち合わせに遅刻しない ・前向きな言動、行動が多い ・ムダな飲み会、人づきあいをしない ・自分の時間を大切にしている ・夫婦仲、家族の仲がよい ・自分らしい生活を築いている ・周囲からの信頼が厚い ・投資信託や経済などを勉強している ・本をよく読む

ようになり、「自分にとって本当に必要なもの」「自分にとって本当に大切なもの」がわかるようになります。

その結果、お金の使い方だけでなく、性格やものの考え方、生活スタイルも変わり、さまざまな不安や焦(あせ)りから解放され、自分に自信が持てるようになるのです。

お金を管理すると、毎日を前向きに、楽しく生きられるようになる！

これは、今まで数多くの方のお金の相談に乗ってきた私の実感です。

簡単にお金を管理できる方法については、第2章でお伝えします。

今からでも決して遅くはありません。

きちんとお金について考え、お金を管理し、あなたの生活と人生を、よりよいものにしていきましょう。

☑売上と所得の違いを説明できる

これは非常に重要なチェック項目です。売上と所得の違いを知らずにいると「貯金がたまらない」「生活が不安定」「借金をしがち」などデメリットだらけ。逆に説明できる人は、お金の基本をおさえている人といえます。あなたはどちらでしょうか？

説明できる人は…

売上が少なくても貯金が多い。
老後の不安が少ない。

説明できない人は…

お金はあるだけ使いがち。
老後破産しやすい。

フリーランス、自営業の人のお話を聞いていると、「一見羽振りが良さそうなのに、実際にはあまりお金がない」というケースがよくあります。

売上はかなりの額に達しているのに、お金に困っていたり、まったく貯金ができていなかったりするのです。

そして、たいていの場合、その理由は、**「経費がかかりすぎている」**点にあります。

たとえば、商品の売上自体は1000万円あっても、オフィスの家賃や交通費、仕入れ費などのコスト（経費）が700万円であれば、手元に残るお金（所得）は300万円となってしまいます。

しかし、売上が大きいと、つい気が大きくなり、ムダに経費を使ったり、本当は所得（300万円）に合わせなければいけないのに、売上（1000万円）の方に経費貧乏になってない？

月70万
稼いでいるのに
お金が
たまらない…
そんなに
ムダ遣い
してないのに
バーの雇われママ
売上に
対しての所得…？
売上から
経費を引けば
いいの？
本書
私の所得は
35万！
気づいて
なかった！
今までは売上の
数字に惑わされて
ました
これからしっかり
節約します！

合わせた生活を送ってしまったり、といったことが、しばしば起こります。
そうすると、手元の資金がどんどん心細くなり、売上だけはあるのに借金をする羽目になったり、場合によっては倒産してしまったりすることもあります。

このように、経費が大きすぎて、所得が極端に少なくなってしまう状態を、私は**「経費貧乏」**と呼んでいます。

では、経費貧乏に陥らないためには、いったいどうすればいいのか？
具体的な方法については、第2章で詳しくお話ししますが、何よりもまず大事なのは、

売上と所得の違いを意識すること

です。

そのうえで、

・いくら売上が伸びても、所得が伸びなければ意味がないということを理解し、売上を伸ばす努力をすると同時に、ムダな経費をできるだけカットすること
・特にフリーランス、自営業の人は、売上の額に惑わされず、所得に応じたお金の使い方をし、ライフスタイルを構築すること

その2つが、経費貧乏に陥らないためには必要不可欠なのです。

なお、私は今まで、経費貧乏に陥ったフリーランス、自営業の方の相談もたくさん受けてきました。

たとえば、店舗に籍(せき)を置きつつ、フリーで美容師をやっている40代男性のAさんは、自分で店を持ちたいと考えているものの、なかなかお金がたまらないということ

とで、相談にいらっしゃいました。

Aさんの1か月分の収支を見ると、**目を引くのが家賃の高さ**です。

一般的に「家賃は月収の3割以内」といわれているため、「少し多いけれど、月収38万円の3割程度にあたる、11万~12万円くらいまでは許容範囲だろう」と判断し、職場に近い都心のマンションを借り、自転車で通勤しているそうです。

また、Aさんがいう「月収」とは月の売上のことなのですが、経費が「月収」の約4分の1を占め、交際費が経費の半分以上を占め、被服費も3万円と、比較的多めです。

Aさんによると、いずれもお客さんとのつきあいのためにどうしてもかかってしまうとのことでした。

そこで私は、「家賃は月収の3割以内、という目安を持つのはよいが、フリーラ

Aさん（40代男性、独身、美容師）の収支（1か月分）

売上		38万円
経費		9万円
	ハサミの手入れなどの費用	3万円
	交際費	5万円
	宣伝費（DM）	1万円
家計費		29万円
	家賃	11万円
	食費	3万円
	固定費（通信費、生命保険料など）	4万円
	被服費	3万円
	変動費（光熱費、交通費、娯楽費など）	3万円
	国民年金、国民健康保険	4万円
	住民税	1万円
月々の残金		0円
現在の貯蓄		180万円

ンス、自営業の人の場合は、売上から経費を引いた額で計算しなくてはいけない」とお話しさせていただきました。

Aさんの場合であれば、29万円の約3割、9万〜10万円以内に家賃をおさめるのが妥当ということになります（ついでに言うと、「家賃が月収の3割」というのは、少々高すぎると私は考えており、できれば約2・5割にあたる、7万3千円以内が理想的だと思っています）。

ただ、もう少し安いところに引っ越すとなると、費用もかかります。

そこで、まず交際費や被服費について、優先順位をつけ、優先度の低いものを断つこと、通信費や生命保険料などの固定費を見直すことをアドバイスしました。

その結果、経費と家計費をそれぞれ圧縮することに成功し、多少波はあるものの、平均して、月々2万〜3万円ずつお金を残すことが可能となりました。

住居に関しても、次回の更新を機に、家賃がもう少し安く、できるだけ初期費用がかからない物件に引っ越すことを考えているそうです。

それまでは何かと散財しがちだったAさんですが、「売上ではなく、所得に合わせた生活をしなければ」と考えるようになった結果、「本当に欲しいもの」だけを厳選して買うようになりました。

このように、**売上と所得の違いを意識する**ことで、お金の使い方は確実に変わります。

お金が管理できるフリーランス、自営業になるためには、この意識改革がとても重要なのです。

☑国民年金保険料を払っている

「額が少ない」と評判のよくない国民年金。「将来は年金が破たんするから払い損」という言葉もよく聞きます。しかし、実は国民年金は最も安全で確実な「投資」。こんなにおトクな制度を使わない（保険料を支払わない、または未払いがある）のは、もったいなさすぎます。

国民年金保険料を完璧に払っていると…

20年間で800万円、
30年間で1500万円トクをする！

国民年金保険料を一度も払っていないと…

どんなに長生きしても、
1円ももらえない。

あなたは国民年金の保険料をちゃんと払っていますか？
おそらく「真面目に払ったって、どうせろくにもらえないのに」と思いながら、しぶしぶ払っている人がほとんどでしょうし、中には何年も払っていない人もいるのではないでしょうか。

特にここ数年、若い人の間で、国民年金の評判はあまりよくありません。「国民年金の受給開始年齢が、どんどん引き上げられている」「月々6万5000円程度の年金では、とても生活していけない」「自分たちが年金をもらう年齢になるまで、年金制度はちゃんと残っているのだろうか？」「払い損になるのではないだろうか？」といった声をよく耳にします。

でも、私は自信を持って断言します。

フリーランス、自営業の人ほど、国民年金の保険料は、

絶対に払ってください！

なぜなら、国民年金への加入と保険料の納付は国民の義務だからです。

そして、国民年金は最も安全で確実な「投資」であり、老後や障害を負ったときにあなたを支えてくれる、心強い味方だからです。

まずは、50ページの表を見てください。

年金を払わないと…
年金払ってる？
はあ？何それおいしいの？
将来もらえるかどうかわかんないっていうし
その分貯金でもすればいいっしょ
わしもそう思っていたんじゃ…
バブル世代の爺さん!?
自分の会社は倒産借金はなんとか返したが…
年金未納で今は無年金じゃよ
夫婦で13万もあればだいぶ楽だったのじゃが…
あの頃はよかった…
今からでも払おうかな…

これは、2020年4月現在の、1か月あたりの国民年金の保険料（1万6410円）と満額受給額（6万5008円）をもとに、40年間全額納付した場合、65歳から受給を開始したとして、トータルでいくらもらえるかをまとめたものです。

未納期間があって満額もらえない人や、厚生年金への加入期間があってもらえる金額が異なる人もいるでしょうし、保険料と受給額は年々変わるため、実際にはこの通りにはなりませんが、ある程度の目安にはなるのではないかと思います。

40年間全額納付した場合

・払込保険料総額　787万6,800円

・1か月あたりの受給額　6万5,008円

75歳までもらった場合（10年間）	780万1,000円
85歳までもらった場合（20年間）	1,560万2,000円
95歳までもらった場合（30年間）	2,340万3,000円

表を見ていただければわかるように、現時点では、10年間受給できれば、ほぼ払い込んだ保険料の元が取れ、その後は長生きすればするほどトクをします。

「そんなに長生きするつもりはない」と言う人もいるかもしれませんが、自分が何歳まで生きるかなど、誰にもわかりません。

40年間保険料を満額払い続けた人は、仮に85歳まで生きたとして、払った額より約800万円、95歳まで生きたとして、約1500万円以上多くのお金をもらうことになりますが、保険料を払わなかった人は、1円ももらうことができないのです。

また、1か月あたりの受給額自体は、生活するには心もとないかもしれませんが、**国民年金をもらえるのともらえないのとでは、老後の生活は大きく変わります。**

たとえば、私の知人のBさんは、かつては会社の経営をしていましたが、10年ほど前に倒産し、貯金も使い果たしてしまいました。

Bさんは、景気がよかった頃は「年金の世話になるつもりなどない」「年金の保険料を払うくらいなら貯金をする」と保険料を払わず、催促も無視してきました。

バブルの頃は預金金利が高かったこともあり、「年金なんてもらえるかどうかわからないから、払わなくていい」と考える自営業者が多かったのです。

そのため、Bさん夫婦は、70歳になる今も、まったく年金をもらえていません。住む家を失い、現在は息子さんのもとに身を寄せているのですが、息子さんの給料だけでは、とても3人分の生活費を十分にまかなうことができません。

ご夫婦ともに「保険料を払っておけばよかった」「夫婦で13万円もらえたら、だいぶ生活がラクだったのに」と口グセのようにおっしゃっているそうです。

国民年金は、もちろん「払い損」になってしまう可能性もありますが、それよりも、**もらえるべきものをもらえなくて困る**可能性の方が、はるかに高いのではないかと私は思います。

国民年金には、65歳以降にもらえる老齢基礎年金のほかに、病気やケガなどが原因で障害を有することとなった場合、一定の要件を満たしていれば支給される障害基礎年金、万が一自分が死亡した場合、一定の要件を満たしていれば、扶養(ふよう)していた家族（子のある配偶者または両親ともに不在の子）に支給される遺族基礎年金などもあります。

人生には何が起こるかわかりません。

特に、会社によって守られることのないフリーランス、自営業の人なら、こうした国の制度をきちんと使い、いざというときに自分の身を守るための手段を、きちんと用意しておくべきなのです。

しかも、**国民年金保険料は全額控除(こうじょ)されるため、節税**にもなります。

ただ、サラリーマンであれば、社会保険料が否応(いやおう)なく給料から天引きされますが、フリーランス、自営業のみなさんは、自分で払わなければなりません。

そのため、保険料を一度も払ったことがないという人、未納期間があるという人もいるでしょう。

「会社を辞めてフリーランスになるとき、厚生年金から国民年金に切り替えるのが面倒で、そのままになっている」という人もいるかもしれませんね。

２０１４年度から、督促状を送付したり、財産を差し押さえたりするなど、日本年金機構が国民年金保険料の強制徴収の取り組みを強化し始めたため、納付率はかなり改善されたそうですが、それでも**２０１８年度の国民年金の保険料の納付状況は全体の5割に**とどまり、免除や猶予されている人は４割近く、未納の人も１割いるそうです。

中には「今まで一度も保険料を払ったことがないし、今から払っても遅い（年金がもらえない）んじゃないか」と思う人もいるかもしれませんが、２０１７年８月から年金の受給資格条件が変わり、10年以上保険料を払えば、もちろん額は少なくなるものの、年金がもらえるようになりました。

さらに、国民年金保険料は、納付期限から2年以内であれば、支払う（後納する）ことができます。

つまり、52歳の人なら、２年前からの分を後納することで、**ギリギリ年金の受給資格が得られる**のです。

下の表のように、10年分全額納付しただけでも、仮に95歳まで生きた場合、払込保険料より約４００万円も多くの年金をもらうことができます。

２年以内に未納の期間があるという人、今まで一度も保険料を払ったことがないという人は、ぜひお住まいの市区町村の役所の国民年金課か、年金事務所に相談してみてください。

10年間全額納付した場合

・払込保険料総額　196万円9,200円

・1か月あたりの受給額　1万6,252円

75歳までもらった場合（10年間）	195万250円
85歳までもらった場合（20年間）	390万500円
95歳までもらった場合（30年間）	585万750円

☑国民健康保険料を払っている

あらゆる医療保障の基礎ともいえる国民健康保険。入っている方がほとんどだと思いますが、実はフリーランス、自営業の人のうち10％強が未加入。保険料の支払いが滞りがちな人は、心身の健康を守るためにも、絶対に払いましょう。国民健康保険はおトクで優れた制度です。

国民健康保険に入っていると…

医療費が3割負担。
高額な医療費の負担も軽減！

国民健康保険に入っていないと…

医療費が全額負担。
罰金を取られる。生命の危険も！

ごくたまに、国民健康保険に入っていない、または保険料を滞納(たいのう)しているというフリーランス、自営業の人がいます。

「勤めていた会社を辞めたとき、国民健康保険に切り替える手続きをしなかった」「一時期、お金がなくて保険料を滞納し、そのままになっている」といった理由から、健康保険証を持っていなかったりするのです。

そのような人は、

今すぐ、国民健康保険に入ってください!

日本の国民健康保険制度は、とても優れています。

まず、国民健康保険に入っていれば、医療費の自己負担が3割(6歳から69歳の人。小学校入学前と70歳以上75歳未満は2割)となります。

本来なら1万円払わなければいけない治療を受けても、3000円だけ払えばいいわけです。

また、国民健康保険に加入していれば、「高額療養費支給制度」を利用できます。これは、同一月にかかった医療費の自己負担額が高額になった場合、一定の金額を超えた分があとで払い戻される制度で、年齢や所得にもよりますが、たとえば1

ありがとう！　健康保険！

か月の医療費の自己負担分が15万円だったとしても、制度を利用すると8万円程度で済んだりします。

非常にありがたい制度なのです。

さらに、国民健康保険に入っていれば、年に1回、自治体がすすめる健康診断を無料～数千円で受けることができます。

会社員であれば、病気やケガで一定期間休むことになっても、同僚に仕事を引き継いだり、休業補償をもらったりすることができますが、ほかに頼る人のいないフリーランス、自営業の人にとって、**体は資本**です。

いつまでも元気に働き続けるためには、体の点検とメンテナンスが欠かせません。

しかし、中には、費用が高額な人間ドックに入る余裕のない人もいるでしょう。

そんな人にとって、国民健康保険で受けられる健康診断は安価だったり補助が出たりするため、心強い味方となります。

逆に、国民健康保険に入っていなかったり、保険料を滞納していたりすると、さまざまなデメリットがあります。

そもそも、国民健康保険への加入は国民に課された義務であり、加入していないと法律違反となり、10万円以下の罰金などのペナルティーが科されます。

保険料の滞納を続けた場合には、財産が差し押さえられたり、口座が凍結されたりすることもあり、滞納の末、保険料を支払うことになった場合は、滞納期間に応じて延滞金を支払わなければなりません。

しかも、**医療費は全額自己負担**となり、高額療養費支給制度も、健康診断も利用できません。

余計な出費や手間をおさえるためにも、国民健康保険料はきちんと払いましょう。

もし「滞納しているけれど、経済的に払うのが難しい」という場合は、まずはお住まいの市区町村の役所の国民健康保険窓口に相談しましょう。

事情をきちんと伝えれば、支払いを待ってくれたり、分割での支払いを認めてくれたり、場合によっては軽減や減免といった処理をしてもらえることもあります。

なお、個人事業主の人は、同じ種類の職業に就いている人を組合員とする「**国民健康保険組合**」があれば、そこに入ることもできます。

国民健康保険組合の場合、前年の所得金額にかかわらず、介護保険料を含めた保険料が月々2万円程度と一定であることが多いため、人によってはかなりの額を節約することができます。

国民健康保険料（自治体によっては、国民健康保険税）は、医療分、後期高齢者支援金分、介護納付金分などに分かれ、加入者全員に一律にかかる均等割額、加入者の前年の所得に応じてかかる所得割額などが、各自治体で定められています。

その合計額が1年間の保険料になるのですが、前年度の課税所得が多いと、年間保険料が90万円前後になってしまうこともあります。

しかし、そのような人が、月々の保険料が約２万円の国民健康保険組合に入れば、**年間70万円近くの保険料を節約**することができます。

「国民健康保険の保険料が高すぎる」という人は、加入できる組合があるかどうかを確認し、どちらの方がより保険料の負担が軽くなるか、検討してみたほうがよいでしょう。

ただ、国民健康保険組合がある業種は、理容師、美容師、税理士、飲食業者、土木建築業者、作家、デザイナー、芸能人など、限られています。

どのような業種があるか、一度検索をかけて調べてみてください。

☑確定申告は青色でやっている

「青色は面倒くさそうだから」と、白色で確定申告をしている人はいませんか？　しかしそんなあなたは、実は年に数十万円分も損をしています。青色申告ほど合法的に、かつ効率的に節税できる方法は、ほかにはありません。

青色で申告すると…

毎年、数十万円も節税できる！フリーランス、自営業の人でも上手に老後の資金が作れる。

白色で申告すると…

ほとんど節税ができない。

確定申告は、フリーランス、自営業の人と切っても切り離せない、年に1回の大仕事です。

おそらくみなさんも、毎年大変な思いをして、一年間のレシートや領収書を整理し、所得と税額を計算し、税務署に書類を提出されているのではないでしょうか。

「なんでこんな面倒なことをしなきゃいけないんだ」と思っている人もいるかもしれませんが、そこはぐっと我慢し、頑張って作業しましょう。

なぜなら、**確定申告をちゃんとやれば、それだけで大変な節税**ができるからです。

しかも、ほかの制度を組み合わせることで、節税しながら非常に効率よく退職金（老後の資金）を作ることができます。

さて、ここで確認しておきたいことがあります。

あなたは、確定申告を青色でしていますか？

節税したいけど…

何色で
確定申告してる？
ずっと白だよ

少しでも
節税したいんだ
よねー
それなら
青色申告でしょ！

青色申告
ショトク
400万
所得400万あると
青色申告するだけで
20万も節税になる
20万

所得400万？
もうかってるね
確か去年は…
ふたりは
ライバル
フーン
はっはっは
たとえばの話！

それとも、白色でしていますか？

青色でしている方はそのままでかまいませんが、白色でしている方は、

これからはぜひ、青色で申告するようにしましょう。

もしかしたら「そんなに収入ないし、青色って面倒くさそうだし、白色でもできるなら、白色でいいや」と思っている人もいるかもしれませんが、そもそも白色申告は、会社員などの給与所得者が、医療費控除などを受けるために利用するものです。

フリーランス、自営業者のために作られたのは青色申告の方であり、第3章で詳しくお話しするように、

・10万円、55万円、65万円の、いずれかの青色申告特別控除が受けられる
・家族への給与が、全額必要経費として認められる
・30万円未満の少額減価償却資産を、一括して経費に計上できる
・赤字を3年間繰り越すことができる

など、節税のためのさまざまなメリットが用意されているのです。

しかも、小規模企業共済という制度と一緒に利用すれば、年間に数十万円の節税をしながら、**退職金（老後の資金）を作る**こともできます。

私はよく、相談に来られたフリーランス、自営業の方から「できるだけ税金を安くする方法を教えてください」と頼まれるのですが、お話を伺っていると、白色で確定申告をしている人、青色申告のメリットを十分に活かせていない人も少なくありません。

そうしたお客さまには、「確定申告を、青色できちんとやることに勝る節税方法はありませんよ」とお伝えするようにしています。

青色申告ほど合法的に、かつ効率的に節税できる方法は、ほかにはないのです。

なお、2014年1月以降、従来は一部の白色申告者のみに課されていた帳簿への記帳と、帳簿や書類の保存（5～7年間）の義務が、すべての白色申告者に課されるようになりました。

「青色は帳簿を作らなければいけないから面倒くさい」と思っている人もいるかもしれませんが、**帳簿を作らなければいけないのは青色でも白色でも同じ**なのです。

もっとも、青色申告をするためには、白色申告よりも詳しい帳簿を作る必要はありますが、今は帳簿を簡単に作ることができるパソコンのソフトやクラウドサービスがありますから、「難しい」と敬遠する必要はありませんし、税理士に依頼するという手もあります。

また、帳簿を作ることで、何にどのくらい経費を使っているのか、現時点でどのくらい資産や借入金があるのか、といったことを正確に把握できるようになります。

お金をきちんと管理するという意味でも、青色申告は非常に有効なのです。

☑生活費1年分以上の貯金がある

フリーランス、自営業の人は、とにかく最低でも生活費1年分のお金をためましょう。これは、生活費が足りなくなったときや、病気やケガで働けなくなったときなどに使うためのものであり、このお金があるかどうかで、気持ちの余裕がまったく違います。

生活費1年分以上の貯金があると…

病気やケガ、災害に遭っても、
余裕がある。
急に仕事が減っても対応できる。

生活費1年分以上の貯金がないと…

いざというときに頼れるものが
何もない。

フリーランス、自営業の人にとって、貯金をするのは大変なことです。
おそらく、みなさんの中にも「貯金が大事なのはわかっているけど、収入にも支出にも波があって、毎月一定の額をためていくのは難しい」「生活に余裕がなくて、貯金なんてとてもできない」という人が、たくさんいるのではないでしょうか。

しかし、フリーランス、自営業の人こそ、貯金をするべきです。

病気になったりケガをしたりして、入院生活を余儀(よぎ)なくされたとき、会社員であれば、休業中も給料が出ますし、有給休暇を使うこともできます。

でもフリーランス、自営業の人は、働けなくなったらたちまち収入が途絶えます。
誰も生活を保障してはくれないのです。
そんなとき、**助けになるのは貯金**です。

貯金は大切

1年分の貯金か…
わかっちゃいるけど
なかなか厳しい

使うための貯金と
おろさない貯金で
分けておくと
いいよ
使う分
ためる分

でも…多めに
貯金があると思うと
うっかり手を
つけたくならない？

あると
思わないように
している
無
修行が
必要かも

また、フリーランス、自営業の人は、どうしても仕事の入り方に波があります。何らかの事情で仕事がぽっかりとあき、収入が足りなくなったとき、助けになるのも、やはり貯金です。

貯金は、フリーランス、自営業の人にとっての命綱なのです。

では、だいたいいくらぐらいの貯金を、どうやってつくればいいのでしょう。

私はいつも、家計の相談にいらっしゃったサラリーマン家庭のみなさんには「最低でも、使うための貯金（月収の1・5か月分）と、おろさない貯金（月収の6か月分）を持ってください」とお話しししています。

使うための貯金というのは、生活費が足りなくなったときや、ちょっとした予定外の出費などに対応できるようにするための貯金。

おろさない貯金というのは、先ほど書いたように、病気やケガをしたり、仕事がぽっかりとあいたりして、万が一収入が途絶えたとしても、当面生活できるようにするための貯金です。

特に、フリーランス、自営業の人は、健康保険の傷病手当金など、万が一のときに補填（ほてん）されるお金がないため、できればおろさない貯金だけで生活費1年分以上、準備しておきたいところです。

いざというときに動かせるお金があるかどうかで、人生は大きく変わります。さまざまなピンチにも臨機応変（りんきおうへん）に対応できますし、災害が起きたときなどにも、1年分の貯金があれば、ある程度余裕を持って過ごすことができるからです。

ここまで読んで、「生活費1年分以上の貯金の大切さはわかったけど、そもそも自分の月々の生活費がいくらかわからない」と思った人は、ぜひ第2章でご紹介する「お金の管理術」（事業用と家計用、2つの口座とカードを使い分け、お金を管理する方法）を1か月やってみてください。

家計用の口座とカードのお金の流れを見れば、月々の生活費は簡単にわかるはずです。

お金の超基本

第2章

フリーランス、自営業のためのお金の管理術

事業用と家計用、まず2つのカードを用意する

事業用と家計用、2つの口座およびカードを用意すると、帳簿や家計簿をつけなくても、事業用の経費として何にいくら使ったか、家計費として何にいくら使ったか、今いくら残っているかが簡単にわかります。

それこそがお金を管理する第一歩なのです。

カードを用意すると…

家計簿をつけなくても、
毎月の収支を簡単に管理できる。

カードを用意しないと…

毎月の収支が管理できない。
赤字、黒字が不明確。
または自力で家計簿をつける必要が。

第1章では、フリーランス、自営業の人が何よりもまずやるべきことは「お金を管理すること」であるとお話ししました。

しかし、おそらくみなさんの中には「お金を管理する大事さはわかったけど、具体的にどうすればいいかわからない」という人もいるでしょう。

たしかに、会社なら経理担当の部署があって、お金の管理を任せることができますが、一人で仕事をしているフリーランスの人には、毎日帳簿や家計簿をつけるなど、とても無理ですよね。

ですから、ここでは誰にでも簡単にできる方法をお伝えしましょう。

時間やエネルギーをとられることなくお金の管理ができ、「何にいくら使ったか」が一目でわかり、確定申告のための帳簿作りもラクになる方法です。

やるべきことは、非常にシンプルです。

まず、銀行や郵便局の口座を2つと、クレジットカード(できればデビットカード)を2枚、用意してください。

そのうえで、片方の口座とカードを事業用、片方の口座とカードを家計用にしてください。

ただ、それだけです。

すでに複数の口座やクレジットカードを持っている人は、さっそく今日から、そのうちの**一つを事業用、一つを家計用**にしましょう。

そして、事業用の口座には、事業売上をすべて入金し、事務所の家賃、備品、消耗品、仕事に関する飲食費など、事業に関するお金はすべて、事業用のカードで支払うようにします。

一方、家計用の口座には、月に一度、事業用口座から生活費を入金し、家賃や光熱費、携帯電話代、仕事以外の飲食代、趣味のお金、お子さんの教育費、税金、国民年金や国民健康保険の保険料などは家計用のカードで支払うようにします。

自宅を事務所にしている人、仕事用の電話も個人的な電話も一台の携帯電話で済ませている人の場合、家賃や光熱費、携帯電話代などは、とりあえず割合の高い方で払っておきましょう。

最初は少し、手続きやご自身の中でのルール作りが大変かもしれませんが、まずはひと月、カードを使い分けてみてください。

そうすれば、口座やカードの残高・明細をチェックするだけで、今までお金の管理をしてこなかった人でも、1か月に、だいたいどのくらい仕事の経費や家計費を使っているのか、現在どのくらいのお金が残っているのかがすぐにわかります。

そしてそれこそが、**お金を管理できる人になるための、最初の一歩**となります。

「お金が管理できない人」は、自分が今、どれくらいお金を持っているのか、何にいくら使っているのかがわからない人です。

そこがわからないから「お金をためなきゃいけない」「節約しなければいけな

い」と心のどこかで思いつつ、あとどのくらいお金を使っていいのか、どの支出をどれだけ削ればいいのかもわかりません。

その結果、「まあ、何とかなるだろう」と思いながら、あるいは「これは仕事の経費だから」と**自分に言い訳をしながら、ダラダラとお金を使ってしまう**のです。

特に、個人で仕事をしている人は、ついつい仕事の経費も家計費も一つの口座、一つのカードで済ませてしまいがちです。

それでは、帳簿を作るまで、経費としていくら使ったかがわかりませんし、いざ帳簿を作る際も、レシートや領収書をいちいち事業用と家計用に分けなければならないため、手間と時間がかかります。

でも、2つの口座、2枚のカードを使い分ければ、残高や明細を見るだけで「経費がかかりすぎている」「飲食費が多すぎる」「携帯電話代が高すぎる」などがわかりますし、その中で削れるものは何か、限られた予算の中で何を買えばいいのか、具体的に考えることができるようになります。

帳簿を作る際にも、基本的には事業用の口座とカードの明細をチェックすればいいので、作業がかなりラクになります。

なお、**カードを作る場合は、デビットカード**がおすすめです。

デビットカードは預金口座とひもづけられており、決済すると同時に口座からお金が引き落とされます。

後払いのクレジットカードと違って、現時点で何にいくら使っているか、いくらお金が残っているかが把握しやすく、口座の残高内でしか利用できないため、使いすぎを防ぎやすいのです。

このように、口座とカードを使い分ければ、誰でもすぐにお金を管理し、ムダ遣いを防ぐことができますし、少しずつでもお金をためられるようになるはずです。

「経費」を使うのは本当にトクなのか？節税になるか？

「税金を払いたくないから」と、必要のないものにまで経費を使う人がいますが、それで節税できる額はたかが知れています。経費の使いすぎは、手持ちのお金をいたずらに減らすだけ。月々いくらまで経費を使っていいかを計算し、できるだけその枠内におさめるようにしましょう。

答えは一つ!

経費こそ節約すべし。

経費を多く使って
所得を減らすのは逆効果。
節税対策としても弱い。

事業用と家計用で口座とカードを使い分け、何にいくら使っているかを把握したら、具体的に経費や家計費を見直し、ムダな支出を削っていきましょう。

ここではまず、経費についてお話ししたいと思います。

第1章で「売上と所得は違う」「売上がいくら多くても、所得が多くなければ意味がない」とお伝えしましたが、誰にでもできる、所得を多くする最も手っ取り早い方法は何だと思いますか？

答えは簡単です。

「経費を、できるだけ少なくすること」

これに尽きるのです。

売上自体が多くなれば、基本的には所得も多くなりますが、そう簡単にはできませんし、仮に売上が多くなったとしても、それに伴って経費も多くかかってしまっては、意味がありません。

また、経費を少なくするといっても、仕事に影響が出るほど少なくするわけではありません。

売上が多かろうと少なかろうと、必要のない経費を削ることは、とても大事です。

そしてそのためにも、まずみなさんにお願いしたいのが、

「経費」という魔法の言葉に惑わされないでほしい

ということです。

みなさんの中には、「これは必要経費だから」と思いながら、たくさん買い物をしたり、高価なものを買ったりしてしまう人はいませんか？

あるいは、**「これ、経費で落ちるでしょ？」**と言われ、ついつい財布のひもを緩めてしまうことはありませんか？


たしかに、仕事に関係するものを購入し、領収書を受け取れば、確定申告の際にその分が経費として収入から引かれ、課税(かぜい)所得が減り、税金が減ります。

また、「これは仕事に必要なものだから」と思うと、「お金を使うこと」に対する罪悪感のようなものも減ります。

しかし、経費が1万円多くなれば（課税所得が1万円少なくなれば）、所得税は1000円ほど安くはなりますが、ただそれだけです。

「経費」であろうとなかろうと、お金を使うことに変わりはなく、使えば使っただけ、**手持ちのお金が減っていく**ことに変わりはありません。

私のところに相談に来られたフリーランス、自営業の方の中にも、お金の管理がきちんとできておらず、経費の割合が非常に高いためにお金がためられずにいる、いわゆる「経費貧乏」の人はたくさんいます。

たとえば、雑誌などのスタイリストをしている40代女性のCさんは、平均して月に60万円ほどの売上がありながら、貯金がまったくなく、確定申告の際に所得税を払うお金さえ不足しているとのことで、相談に来られました。

Cさんの1か月分の収支を見ると、仕事柄、多少は仕方ないかもしれませんが、**被服費や交際費などの経費が過剰**にかかっていることがわかりました。

また、計算上は平均して毎月5万円ほど残るはずなのですが、多くお金が入ったときは、つい気が大きくなって高価なコートやバッグなどを買ってしまうクセがあり、トランクルームには、買ったままほとんど使うことのなかった高価な洋服や小物類もたくさん眠っているそうです。

Cさん（40代女性、独身、スタイリスト）の収支（1か月分）

項目	内訳	金額
売上		60万円
経費		26万円
	被服費	12万円
	交際費	8万円
	移動費	4万円
	その他	2万円
家計費		29万円
	家賃	9万円
	食費	5万円
	固定費（通信費、生命保険料など）	2万円
	変動費（光熱費、医療費など）	2万円
	ペット関連費	3万円
	国民年金、国民健康保険	5万円
	住民税	3万円
月々の残金		5万円
現在の貯蓄		0円

詳しくお話を聞くと、やはりCさんの場合も、仕事で必要なものはもちろん、個人的に「欲しい」と思った洋服やバッグ、小物についても、多少高くても「仕事のためだから」「必要経費だから」と自分を納得させて買っているとのことでした。

そこで私は、ひと月に使ってもいい経費の、おおよその金額の枠を決め、常に**「これは本当に必要なのか」**を考えるようにしてください、とお願いしました。

Cさんに限らず、フリーランス、自営業の人が「経費貧乏」に陥るのを防ぐには、

・月々、使っていい経費の金額（もしくは売上における割合）を決めておくこと
・経費を使うときは、「経費だから」「仕事に必要だから」と何でもかんでもOKにするのではなく、常に「これは本当に必要なのか？」を考えるクセをつけること

この2つが非常に重要です。

なお、使っていい経費の金額ですが、適正な経費率（売上に占める経費の割合）は、業種によって異なります。

飲食業の人や小売業の人などは、材料や商品の仕入れがあるため、どうしても経費の割合が大きくなるでしょうし、ライターやデザイナーなど、仕入れの必要がない業種の人は、経費の割合が小さくなります。

経費率は、一般的には、

・卸売業：90％
・小売業：80％
・製造業：70％
・飲食業：60％
・サービス業：50％

とされています。

仕入れが必要ない業種の場合は、毎月5～10％くらいという人もいるでしょうが、パソコンや参考資料費など、一時的に経費がかさむこともあると思います。

多くても、平均して月に40〜50％以内にとどめることが理想です。

ただ、単純に割合だけで考えると、現実に合わない部分も出てくるでしょうから、まずは、事業用の口座とカードで、1か月にどのくらい経費を使っているかを確認したうえで、ご自身の実際の収支バランスを考え合わせ、経費の枠をいくらぐらいにするのが妥当か考えてみましょう。

もちろん、あまり使わない月もあれば、予定外の出費がかさむ月もあるでしょう。利益が出すぎた年には、少しでも節税をするため、いずれ買わなければならない必要なものを経費でまとめて買っておく、ということも起こるかもしれません。

毎月、必ずその枠内におさめるというのは難しいかもしれませんが、ある程度の枠組みを決め、それを意識することで、お金の使い方は変わってくるはずです。

お金の超基本 09

家計費は、「手取り額」をベースに考える

月々使っていいお金を、「売上」を基準に考える人は少なくありません。しかしフリーランス、自営業の人は、売上から経費、税金などを引いた「手取り」を基準に考えるべき。その額を把握して初めて、ムダ遣いを本当に減らすことができるのです。

「手取り額」がわかっている人は…

毎月しっかり貯金ができる。ムダ遣いがない。

「手取り額」がわかっていない人は…

隠れたムダ遣いが多く、お金がたまらない。

フリーランス、自営業の人にとっては、経費だけでなく、家計費の見直しも、とても大事です。

経費と家計費の両方において、必要なことのみにお金を使い、ムダな支出をおさえること。

それができて初めて、お金をためたり、将来に向けて資産を増やしたり（具体的な方法については、第4章でお話しします）することができるからです。

その際、何よりもまず気をつけていただきたいのは、

1か月の家計費は、売上の額でなく、最終的な「実質の手取り」の額をベースに考える

ということです。

93ページでご紹介したCさんのケースをあらためてみてみましょう。

Cさんの場合、1か月の平均的な売上は60万円です。

ところが、経費に26万円かかっているため、所得は34万円となり、さらにその中から、住民税約3万円と国民年金や国民健康保険の保険料5万円を払っています。

つまり、会社員の「手取り」にあたる額は、Cさんの場合、26万円となってしまうのです。

- **Cさんの売上　60万円**
- **Cさんの手取り　26万円**

いかがでしょう。

数字で見ると、インパクトが全然違いますね。

毎月60万円のお金が入るので、本人も周囲の人も「比較的裕福である」と考え、**スケールの大きな生活をしてしまいがち**ですが、実際のCさんの手取りは26万円。会社員の初任給の平均額よりは高いけれど、しっかりお金を管理しなければ貯金はできませんし、ムダ遣いをする余裕はあまりありません。

このギャップが、フリーランス、自営業の人が陥りやすい落とし穴であるといえます。

同様の方は、ほかにもたくさんいらっしゃいます。

たとえば、年収（1年間の売上）が1000万を越えていて、身なりも立派なのに、貯金が少なく、将来に不安を抱えている方もいらっしゃいました。

その方の場合、年に1000万円以上稼いでいても、経費の割合が非常に高く、実際の手取りは月々30万円ほどでした。

でも、まるで月々80万円くらいの手取りがあるかのように、気前よくお金を使ってしまうのです。

売上を基準にお金の使い方を考えるか、手取りを基準に考えるか。
これで大きく人生は変わります。

実は、「節約しているのにお金がたまらない」「いくら頑張っても貯金が増えない」という悩みを持つ人が、手取りを正確に把握していないケースは少なくありません。

そもそも自分が実際に手にするお金の額をきちんと把握していなければ、せっかくの節約も貯金も場当たりな的なものになり、長続きはしません。

さて、今まであなたは何を基準に月々の収支を考えていたでしょうか。

①手取りを基準にお金を使っていた
②売上と手取りの中間くらいを、なんとなく基準にしていた

③売上を基準にお金を使っていた
④特に考えていなかった

さまざまなケースがあると思いますが、特に②〜④に該当する方は、口座とカードを使い分け、月々いくら経費にかかっているかを把握できたら、自分の所得を計算し、税金や社会保険料を差し引き、「手取りの額」を計算してみましょう。

月によって収入が違うという人は、帳簿や確定申告時の書類などをもとに、一年分の手取りを計算し、それを12で割って、平均額を出しましょう。

あなたの月々の「手取り」はいくら？

売上　　（　　　　）万円

－経費　（　　　　）万円

－税金　（　　　　）万円

＝手取り（　　　　）万円

注：税金には国民年金・国民健康保険の保険料などを含めます。

それがわかったら、具体的に家計費を見直していきます。

家計費の見直し方については、拙著『**年収200万円からの貯金生活宣言**』（ディスカヴァー刊）などに詳しく記してありますので、ここではポイントだけご紹介しましょう。

家計費においても、まずは「何にいくらまで使っていいか」という枠をつくることが大事です。

私はいつも、相談に来られた方に、支出を、

・消費（消）：生活に必要なものに使うお金。生産性はさほど伴わない。食費、住居費、水道光熱費、教育費、被服費、交通費など。

・浪費（浪）：生活に必要がなく、無意味で生産性もないものに使うお金。嗜好品、程度を超えた買い物やギャンブル、固定化された高い金利など。

・投資（投）：生活に不可欠ではないものの、将来の自分にとって有効な、生産性の高いものに使うお金。

の3つに分け、お金を使うたびに「その支出がどれにあたるのか」を考えていただいたり、家計簿に記録し「見える化」していただいたりしています。

そのうえで、月々の「手取り」を100とした場合、消費を70％、浪費を5％、投資を25％の枠内におさめていただき、投資については、さらに、

・貯金やお金への投資など「将来へ残す投資」：15％
・自分への投資など「使う投資」：10％

に分けてもらっています。

自分への投資というのは、今後の自分にプラスになる本を読むとか、資格を取得

消・浪・投を「見える化」する

〜	10/4（金）	10/5（土）	10/6（日）	1週間合計
	ランチ 864	パン屋 372	電車賃 280	消費 18595円
	スーパー 1854	歯医者 2375	英会話 2105	浪費 2156円
	タクシー代 730	本 702	ホットドッグ 756	投資 5437円
		参考書 1404	ジュース 156	
			くつ下3P 1080	
	計3448円	計4853円	計4377円	

――――（消費）
－－－－（浪費）　蛍光マーカーペンなどで色分けすると見やすい！
～～～～（投資）

消・浪・投の理想的なバランス

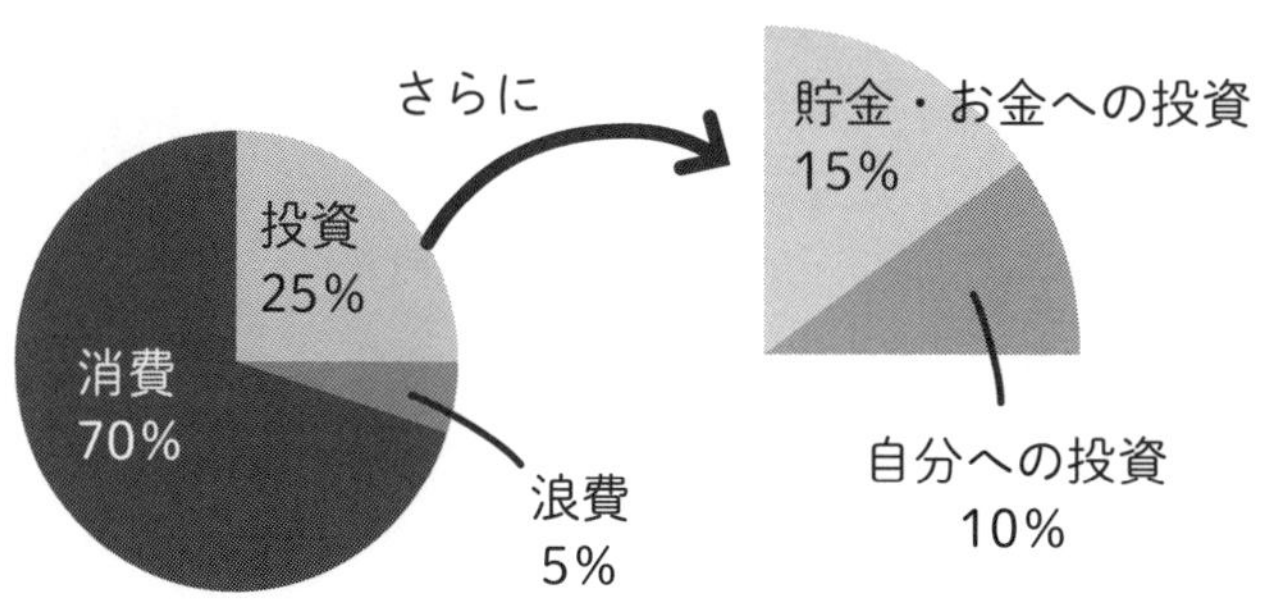

するとか、将来役に立ちそうな知識や経験を手に入れるためにお金を使うことです。

そして、消・浪・投のうち、最も減らしていただきたいのは浪費の部分、次に、必要以上に偏った、消費の一部です。

経費を使うとき同様、家計費においても、常に「きちんと枠内におさまっているだろうか?」**「この支出は本当に必要なのか?」**「消費や投資ではなく、浪費ではないのか?」と考えるようにしてみてください。

それを繰り返すことで、お金に対する意識、お金の使い方が変化し、ムダな支出が減っていき、貯金や投資に向けられるお金が少しずつ増えていくはずです。

フリーランス、自営業の人の場合、収入にも支出にも波がありますから、毎月必ず、決まった枠の中に支出をおさめ、決まった額を貯金するというのは難しいかもしれません。

ですから、基本的な枠組みはおさえつつ、収入が少ない月は貯金にまわす額を少なめにし、その分、**収入が多い月は貯金額も多くする**など、フレキシブルに対応されることをおすすめします。

10 経費の見落としに要注意

「A社の仕事で必要な経費を、先に貯金から持ち出したものの、数か月後にA社から入金があったときに、貯金に戻すのを忘れてしまう」というのは、フリーランス、自営業にありがちなミス。しかしそれでは、いつまでたってもお金はたまりません。

忘れがちな経費の例

Aの仕事ギャラ	100万円
Aの経費①	15万円
Aの経費②	5万円

8月に、この2つの経費を戻せるか…

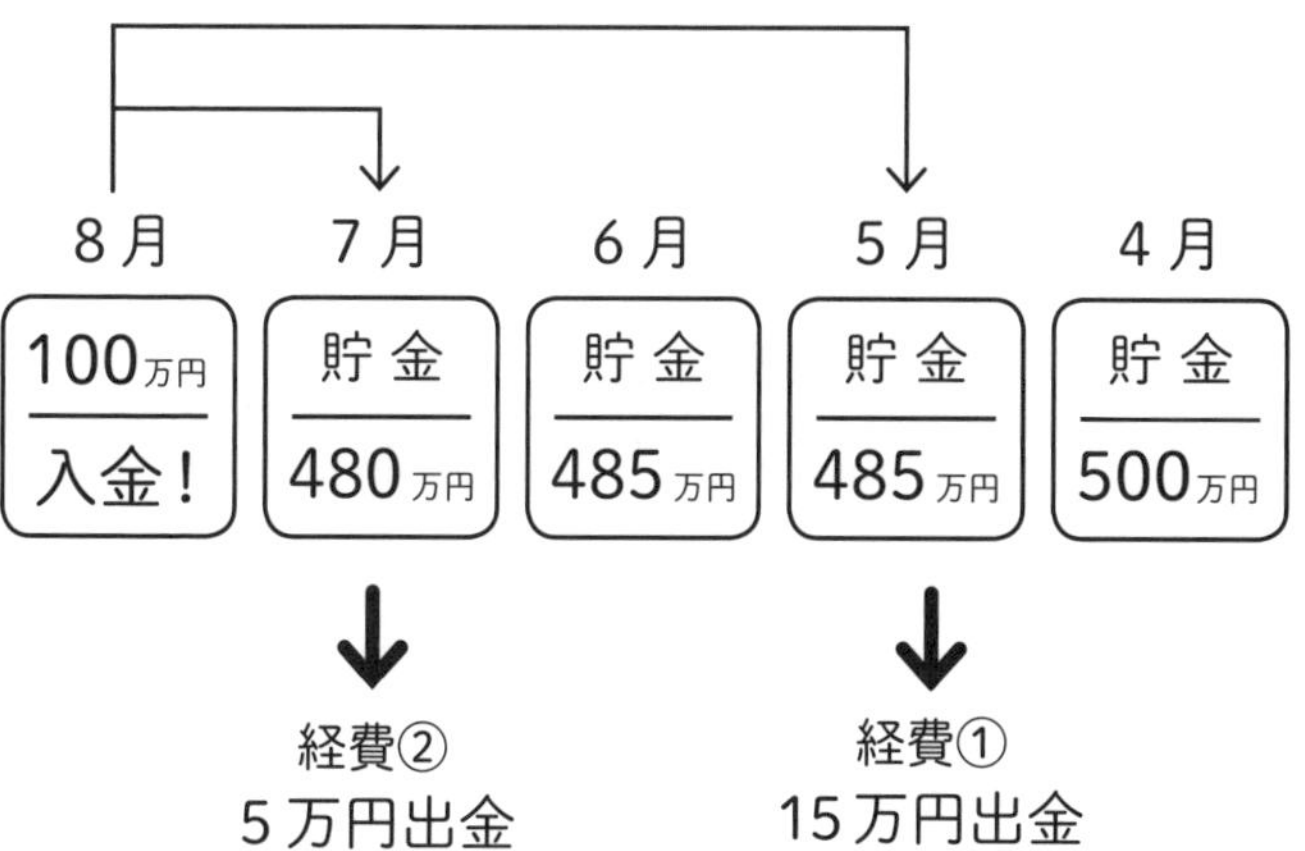

ここで、「いくら頑張っても貯金が増えない」という人がハマりがちな、もう一つの落とし穴についてもお話ししておきましょう。

たとえばみなさんは、次のような経験をしたことがありませんか？

①毎月せっせと貯金して、ようやく５００万円たまった。
②ある仕事の経費として、前もって20万円の支出が必要になり、手持ちのお金に余裕がなかったため、貯金から20万円を持ち出した。
③数か月後、その仕事で１００万円の入金があったが、以前貯金から引き出した20万円を戻すことはなく、１００万円は生活費や別の仕事の経費などに消えた。

貯金に20万円を戻さなかった理由は、

「貯金から持ち出したことを忘れていた」

「いずれにせよ自分のお金だから、別に戻さなくてもいいやと思った」
「まとまったお金が入ると、つい気が大きくなって使ってしまった」

など、いろいろと考えられますが、いずれにせよこれでは、貯金は目減りする一方です。

また、こうしたケースで陥りやすいのは、貯金からの持ち出しを考えから外し、100万円の入金を「その月の売上」ととらえてしまうという「**錯覚**」です。

そうなると、たとえばその月に10万円の支出（経費）があった場合、ついつい

100万円（売上）−10万円（その月にかかった経費）＝90万円（手取り）

などと考えてしまいがちです。

しかし、実際の手取りは

１００万円－10万円－20万円（数か月前に貯金から持ち出した経費）＝70万円

なのです。

最終的に確定申告時など、事業の収支を出す際に「貯金から20万円借りていた」と気づくことが多いのですが、時すでに遅しとなりがちですから、

「自分からの借入金」として帳簿に残しておくなり、メモを残すなりして、売上の状況を見ながら、すみやかに、持ち出した分を貯金に戻すようにしましょう。

「お金の管理」の
＼ 最強コンボ ／

カードを２枚用意する!

経費を減らす

「手取り額」で暮らす

これでお金の管理は完璧！
貯金体質に生まれ変わる！

お金の超基本

第3章

フリーランス、自営業は青色申告でしっかり節税しよう

11

白色から青色に変える。それだけで数十万円も税金が減らせる

青色申告による節税効果は非常に高く、課税所得が４００万円の人であれば、所得税と住民税を合わせて、白色で申告した場合より約20万円も減らすことができます。フリーランス、自営業の人は、絶対に青色で申告するべきなのです。

課税所得４００万円の人が、青色申告をすると…

所得税と住民税の合計額は
約58万円！
20万円も節税！

課税所得４００万円の人が、白色申告をすると…

所得税と住民税の合計額は
約78万円……。

第1章で「**確定申告は絶対に青色でするべきである**」とお伝えしましたが、第3章ではその理由や、青色申告で得られるメリットについて、もう少し掘り下げてお話ししましょう。

現在、白色で確定申告をしている人は、おそらく「青色に変える手続きが面倒くさそう」「青色のための帳簿作りが難しそう」と思っているのではないでしょうか。

たしかに、白色から青色に変えるには、税務署に簡単な書類を提出したり、白色よりも詳しい帳簿を作ったりする必要がありますが、その時間とエネルギーを費やしても余りあるほどのメリットが、青色申告にはあります。

確定申告を白色ではなく、絶対に青色でやるべき、最大の理由。

それは、

年間数十万円単位で税金を減らせるから

です。

第1章でもお伝えしたように、青色申告には、

①10万円、55万円、65万円の、いずれかの青色申告特別控除が受けられる
②家族への給与が、全額必要経費として認められる
③30万円未満の少額減価償却資産を、一括して経費に計上できる
④赤字を3年間繰り越すことができる

という、白色申告にはない大きな「特典」がありますが、このうち、①の青色申告特別控除だけでも、所得を減らすことができるので、かなりの節税効果を得るこ

とができます。

青色申告によって大きく減らすことができるのは、主に**所得税と住民税**です。

このうち所得税は、文字通り、所得に応じて課税される、国に治める税金です。日本では、超過累進（るいしん）税方式が採用されているため、１２６ページの表のように、所得金額が大きくなればなるほど、税率も高くなります。

もっとも、所得が１９５万円を超えたとたん、所得全体に10％の税金がかかるわけではなく、１９５万円以下の部分は５％、１９５万円を超える部分のみ10％の税金がかかるよう、控除額が設定されています。

つまり、あなたが払うべき所得税の額は、

課税される所得金額×税率−控除額

で計算できるのです。

いずれにせよ、税金を少しでも減らすためには、課税される所得金額を小さくする必要があります。

だからこそ、青色申告をするだけで、課税される所得が最大65万円分も少なくなるのは、節税において、非常に大きな意味があるのです。

なお、2011年3月に起きた東日本大震災の復興施策に使うことを目的に、2012年度の確定申告から復興特別所得税が課税されることになりました。税率は課税所得の2・1%とさほど大きくありませんが、課税所得が少なくなれば、復興特別所得税も少なくなります。

一方、住民税は都道府県と市区町村に納める税金です。

住民税の額は、一定以上の所得のある人に広く均等にかかる「均等割」と所得に応じて課される「所得割」の合計で決まり、均等割の額は、2023年度までは5000円（都道府県民税1500円、市区町村民税3500円）、所得割の税率はおよそ10％（都道府県民税4％、市区町村民税6％）です。

そして、127ページの表を見ていただければわかるように、たとえば課税所得400万円や600万円（所得税率20％）の人なら、

所得税と住民税合わせて、白色で申告した場合より、約20万円分の税金を減らすことができます。

つまり、**青色申告にするだけで、**自由に使えるお金、貯蓄や投資にまわせるお金が、**年間20万円増える**のです。

あなたはいくら増えるでしょうか。

青色申告特別控除額65万円に、あなたの所得税率＋住民税率を掛け算してみてください。

大ざっぱではありますが、これで、青色申告にすることによって増える（手元に残る）おおよその金額がわかります。

フリーランス、自営業の人にとって、青色で確定申告をすることがいかに重要か、おわかりいただけましたでしょうか。

下の表で確認！
カンタンな所得税の計算方法

◎課税所得×所得税率 - 控除額

（例）課税所得が 400 万円の場合
400 万円× 20% − 42 万 7,500 円
所得税＝ 37 万 2,500 円

青色申告特別控除で税率が変わることがあるので、注意しよう。

（例）所得 350 万円 -65 万で課税所得は 285 万円に。
税率が 20%→ 10%へ変わる

課税される所得金額	税率	控除額
195 万円以下	5%	0 円
195 万円超 330 万円以下	10%	9 万 7,500 円
330 万円超 695 万円以下	20%	42 万 7,500 円
695 万円超 900 万円以下	23%	63 万 6,000 円
900 万円超 1,800 万円以下	33%	153 万 6,000 円
1,800 万円超 4,000 万円以下	40%	279 万 6,000 円
4,000 万円超	45%	479 万 6,000 円

青色申告特別控除を受けた場合

◎所得200万円の人

	課税所得	所得税	住民税
白色申告だと…	200万円	10万2500円	20万円
青色申告だと…	135万円	6万7500円	13万5000円

差額は10万円

◎所得400万円の人

	課税所得	所得税	住民税
白色申告だと…	400万円	37万2500円	40万円
青色申告だと…	335万円	24万2500円	33万5000円

差額は19万5000円

◎所得800万円の人

	課税所得	所得税	住民税
白色申告だと…	800万円	120万4000円	80万円
青色申告だと…	735万円	105万4500円	73万5000円

差額は21万4500円

注：復興特別所得税、住民税の均等割分は含めずに計算しています。

青色申告特別控除で節税できる金額の出し方

◎ 65万×（所得税率＋住民税率）

（例）課税所得が600万円の場合

65×（20%＋10%）＝19万5000円

お金の超基本 12

青色＋小規模企業共済。これで、ぐんぐん税金が安くなる

小規模企業共済は、現役の間に自分で退職金を積み立てる制度。掛金が全額、所得から控除されるため、節税効果も高く、青色申告と組み合わせると、最大で約１５０万円分も課税所得を減らすことができます。利用しない手はありません。

課税所得４００万円の人が、青色申告（控除額65万円）と小規模企業共済（控除額84万円）を利用すると…

所得税と住民税の合計額は
約40万円。

課税所得４００万円の人が、白色申告をすると…

所得税と住民税の合計額は
約78万円。

青色申告とセットで、ぜひフリーランス、自営業の人に利用していただきたいのが、**「小規模企業共済」**という制度です。

おそらくみなさんの中には、「小規模企業共済」という言葉を、今初めて聞いた方もいらっしゃるでしょう。

ご存じない方のために簡単に説明しておくと、小規模企業共済とは、中小企業基盤整備機構という独立行政法人が提供する共済制度で、退職金の出ない個人事業主や小規模な企業の経営者・役員などが、働いている間に自分で決めた額を積み立てていき、事業を廃止したり65歳以上になったりした際に、積み立てた掛金に応じた共済金を受け取ることができるというものです。

そのため、個人事業主が、この制度を利用して、現役の間に自分の退職金（老後の資金）を用意したり、起業家や中小企業の経営者が、自社で退職金制度を整備する代わりに、この制度を利用したりしています。

さて、そんな小規模企業共済には、２つの大きなメリットがあります。
それは、

①掛金が丸ごと所得から控除される

②掛金の納付期間が長ければ長いほど、受け取るお金が増える

フリーランスの強い味方

というものです。

つまり、小規模企業共済に加入すると、

節税しながら、自分の退職金（老後の資金）を用意することができる

のです。

では、それぞれのメリットについて、もう少し詳しくお話ししましょう。

まず一つめのメリットですが、小規模企業共済は月額１０００円～７万円の範囲内で掛金を設定でき、掛金は全額経費として認められ、所得から控除されます。

つまり、年に最大84万円、課税所得を減らすことができ、所得税や住民税の節税になるのです。

小規模企業共済の掛金を満額（84万円分）支払った場合

◎所得400万円の人

	課税所得	所得税	住民税
青色申告（控除額65万円）だと…	251万円	15万3500円	25万1000円

トータルで節税できた額は36万8000円

◎所得600万円の人

	課税所得	所得税	住民税
青色申告（控除額65万円）だと…	451万円	47万4500円	45万1000円

トータルで節税できた額は44万7000円

◎所得800万円の人

	課税所得	所得税	住民税
青色申告（控除額65万円）だと…	651万円	87万4500円	65万1000円

トータルで節税できた額は47万8500円

注：復興特別所得税、住民税の均等割分は含めずに計算しています。

この制度自体は白色でも利用できるのですが、青色申告と小規模企業共済を組み合わせることで、たとえば所得400万円の人なら、課税所得を約250万円に減らし、36万8000円分も節税することができます（133ページの表参照）。

課税所得を減らすと、所得税率が下がることがありますが、その場合は、より大きな節税効果を生みます。

また、小規模企業共済の掛金は、途中で掛金の額を変更することもできますし、一年分の掛金を一括で払うこともできますから、

一年の収支がある程度見えた段階で、利益が多く出た年は掛金を多めにして節税し、利益が少なかった年は掛金を少なめにして、現金を手元に多く残すということも可能です。

青色申告と小規模企業共済の組み合わせは、毎年まとまった額の節税をしながら、自分の退職金（老後の資金）を用意することができる、フリーランス、自営業の人にとっては、この上なく心強い味方だといえます。

最後に、課税所得ごと、掛金月額ごとの節税額を表にまとめておきますので、参考にしてみてください（こちらは復興特別所得税、住民税の均等割分も含めてあります）。

課税所得ごと、掛金月額ごとの年間節税額

課税所得	掛金月額			
	1 万円	3 万円	5 万円	7 万円
200 万円	20,700 円	56,900 円	93,200 円	129,400 円
400 万円	36,500 円	109,500 円	182,500 円	241,300 円
600 万円	36,500 円	109,500 円	182,500 円	255,600 円
800 万円	40,100 円	120,500 円	200,900 円	281,200 円
1,000 万円	52,400 円	157,300 円	262,200 円	367,000 円

13

小規模企業共済で節税しながら退職金も作ろう！

掛金を払う期間が長ければ長いほど、受け取れる金額が大きくなるのが、小規模企業共済のすごいところ。たとえば、月々7万円の掛金を20年間払い続ければ、受け取れる金額は約1950万円に！　しかも廃業時だけでなく、「いざというとき」にお金を受け取ることも可能です。

小規模企業共済の掛金7万円を5年間払い続けると…

420万円の掛金が
約435万円（約104%増）に！

小規模企業共済の掛金7万円を20年間払い続けると…

1680万円の掛金が
約1950万円（約116%増）に！

続いて、小規模企業共済のほかのメリットについてもお話ししましょう。

すでにお伝えした通り、小規模企業共済に加入すると、月額1000円～7万円の範囲内で掛金を払いますが、掛金はそのまま積み立てられていきます。

月々7万円、年間84万円の掛金を払い続ければ、10年後には支払った掛金の総額は840万円、20年後には1680万円になり、一定期間以上掛金を納付していれば、事業を廃業したときや、65歳になったときには、支払った掛金以上のお金（共済金）を受け取ることができます。

なお、**小規模企業共済の共済金の受け取り方**には、

・個人事業を廃業したときや契約者本人が死亡したとき、配偶者や子どもに事業の全部を譲渡（じょうと）したときに受け取る共済金A
・65歳以上になったときに受け取る共済金B

・個人事業主が法人化し、加入資格がなくなって解約するときに受け取る準共済金
・何らかの事情により、自己都合で解約するときに受け取る解約手当金

の4つのケースがありますが、ここでは特に共済金A、Bにしぼって、話を進めましょう（なお、加入後20年経過しないうちに自己都合で解約した場合、受け取る解約手当金の金額は、掛金以下となります）。

たとえば掛金月額1万円または7万円を払い続けたとすると、最終的に受け取れる共済金A、Bの額は、140ページの表の通りとなります。

共済金A、Bの場合は、掛金納付月数が6か月未満だと、払った掛金は掛け捨てとなり、1円も共済金を受け取ることができませんが、6か月を過ぎていれば、基本的に払った掛金全額が戻ります。

掛金納付年数と受け取れる共済金の額（掛金月額1万円で加入した場合）

掛金納付年数	5年	10年	15年	20年
掛金合計額	600,000円	1,200,000円	1,800,000円	2,400,000円
共済金A	621,400円	1,290,600円	2,011,000円	2,786,400円
共済金B	614,600円	1,260,800円	1,940,400円	2,658,800円

掛金納付年数と受け取れる共済金の額（掛金月額7万円で加入した場合）

掛金納付年数	5年	10年	15年	20年
掛金合計額	4,200,000円	8,400,000円	12,600,000円	16,800,000円
共済金A	4,349,800円	9,034,200円	14,077,000円	19,504,800円
共済金B	4,302,200円	8,825,600円	13,582,800円	18,611,600円

注：いずれも、2016年4月1日現在の法令に基づく試算。税引き前の金額。

さらに36か月（3年）を過ぎていると、払った掛金と同額以上の共済金を受け取ることができ、7万円の掛金を払い続け、共済金Aで受け取った場合は、5年で、420万円の掛金が約435万円（約104％増）に、20年で、1680万円の掛金が約1950万円（約116％増）になります。

つまり、

加入年月が長ければ長いほど、受け取れる共済金の額が大きくなるのです。

しかも、これはあくまでも、基本共済金（固定額）です。

毎年度の運用収入などに応じて、経済産業省が毎年度定める率により算定される付加共済金がある場合は、その金額が加算されます。

掛金は500円単位で自由に設定することができますし、途中で掛金の額を変えることもできますから、

まだ入っていない人は、まずは月々1000円ずつでもいいので、一日でも早く小規模企業共済の掛金を払い始めましょう。

ちなみに、将来受け取る共済金は、個人事業主であれば退職所得にあたるため、退職所得控除が使え、事業所得などに比べて、税金がはるかに安くなります。事業所得であれば、売上から経費などを引いた分が課税所得になりますが、退職所得の場合、退職所得控除を引いた額の「半分」が課税所得となるからです。

このように、小規模企業共済には、掛金を積み立てる際にも、共済金を受け取る際にも、節税メリットがあります。

ところで、小規模企業共済は、そもそもが「現役の間に**自分の退職金**を用意する」という制度であるため、なんとなく「年をとってからじゃないと、共済金を受け取れないのではないか」と思っている人がいるかもしれませんが、そうではありません。

病気やケガなどで働けなくなったときや、仕事の数が減り、いったんフリーランスをやめようと思ったときなども、事業廃止届を出せば、共済金Aと同じ条件で、お金を受け取ることができます。

つまり、小規模企業共済の掛金は「**いざというときのための資金**」にもなってくれるわけです。

ほかにも、小規模企業共済には「**契約者貸付制度**」があり、資金繰りに困った際、積み立てている金額の範囲内で、共済からお金を借りることもできます。

たとえば、月々1万円ずつ10年間積み立てていれば120万円まで、月々3万円ずつ10年間積み立てていれば360万円まで、借り入れることができるのです。

「早期に解約すると、元本割れしてしまう」「インフレに対応していない」といったデメリットはあるものの、このように、小規模企業共済は、フリーランス、自営業の人にとって、**二重三重に役に立つ制度**です。**入らないという選択肢はない**、といえるでしょう。

小規模企業共済に加入する際は、「契約申込書」「預金口座振替申出書」を入手し、記入して、中小機構が業務委託契約を結んでいる団体または金融機関の窓口に、初回の掛金と共に提出します。

すると、約40日後に、中小機構から『小規模企業共済手帳』と『小規模企業共済制度加入者のしおり及び約款（やっかん）』が送られてきます。

「契約申込書」「預金口座振替申出書」は、コールセンター（050－5541－7171、平日午前9時～午後6時）、もしくは小規模企業共済のホームページ（https://www.smrj.go.jp/kyosai/skyosai/）の「資料請求フォーム」から取り寄せることができます。

14 まだまだある青色申告の節税効果、まとめ

たとえば、青色申告者が同居している家族を「青色事業専従者」にして給料を払うと、それは全額経費として認められ、所得から控除できます。白色の場合も同様の制度はありますが、年間50万円もしくは86万円までしか経費として認められません。

青色申告の人が、
妻に年間100万円の給料を払うと…

100万円全額経費として
認められる。

白色申告の人が、
妻に年間100万円の給料を払うと…

86万円分しか経費として
認められない。

121ページでお伝えしたように、青色申告には、

①10万円、55万円、65万円の、いずれかの青色申告特別控除が受けられる
②家族への給与が、全額必要経費として認められる
③30万円未満の少額減価償却資産を、一括して経費に計上できる
④赤字を3年間繰り越すことができる

といった「特典」があります。

①についてはお話ししたので、ここでは②〜④について、簡単に説明しましょう。

特典②は、夫や妻、子ども、親など、生計を共にする家族に仕事を手伝ってもらった場合、青色申告者なら、家族への給料（青色事業専従者給与）を全額経費とすることができるというものです。

たとえば、夫がフリーランスで、年に400万円の所得があったとします。
もし妻にアシスタント（青色事業専従者）を頼み、100万円の給料を支払ったとすると、その分が全額経費として認められるため、**課税所得は300万円に減り、**所得税や住民税、国民健康保険料などが安くなります。

ただ、青色事業専従者になるためには、次のような条件を満たす必要があります。

・生計を一にする配偶者や親族であること
・その年で6か月を超えて、事業に従事していること（例外あり）
・その年の12月31日で15歳以上であること（学生は不可）
・給料が仕事内容に対し、適正な金額であること
・「青色事業専従者給与に関する届出書」を提出していること

事業に従事している日数が少なすぎたり、仕事の内容に対して給料が高すぎたり

すると、認められないおそれもあります。

また、配偶者や扶養家族を青色事業専従者にした場合には、配偶者控除や扶養控除が受けられなくなりますし、支払う給料の額が大きくなれば、青色事業専従者となった家族に、給料に対する所得税や住民税、社会保険料などが発生します。

ですから、給料の額をいくらぐらいにすれば一番節税効果が高いのか、きちんと計算する必要がありますが、そうした点に気をつければ、

家族を青色事業専従者とすることによって得られる節税メリットは、かなり大きい

といえます。

なお、白色申告にも事業専従者控除はありますが、控除額は、配偶者は86万円まで、親族は50万円までとされています。

その額を超える給料を支払う場合には、**青色申告の方が有利**なのです。

次に特典③ですが、青色申告者には「少額減価償却資産の特例」も認められており、一つにつき30万円未満の少額減価償却資産を購入した場合、一括して経費に計上できます（対象となるのは、年間３００万円まで）。

業務に必要なものを購入し、確定申告で経費として申告する際、10万円以上の額だと、通常は「減価償却資産」として処理することになり、定められた耐用年数に応じて、購入価額を分割して計上することになります。

たとえば、20万円のパソコンを業務用に購入した場合、通常であれば、パソコンの耐用年数は４年であり、その年は最大５万円までしか経費にできません。

ところが、「少額減価償却資産の特例」を適用すれば、20万円を一気に経費計上できるのです。

「その年の利益が大きくなったので、税金が高額にならないよう、年末に必要なものを買って経費を使い、課税所得を減らしたい」という場合には、特に有効だといえるでしょう。

ほかにも、青色申告者は、純損失、つまり赤字を3年間繰り越すことができます。ある年に大きな損失が出て、翌年に大きな利益が出た場合、前年の赤字を翌年に繰り越し、課税所得を減らすことができるのです。

逆に、ある年に大きな利益が出て、翌年に大きな損失が出た場合には、翌年の赤字を前年に繰り戻し、前年払いすぎた所得税を返してもらうこともできます。

たとえば、あなたがフリーランスとして仕事を始め、1年目に200万円、2年目に100万円の赤字が、3~5年目に100万円ずつ利益が出たとしましょう。

その場合、1年目の赤字を3年目と4年目に、2年目の赤字を5年目に繰り越せば、所得が相殺されて0円となるため、所得税を払う必要がなくなるのです。

このように、**青色申告には、白色申告にはない節税メリット**がたくさんあります。

元手をかけずに(税理士さんに帳簿作りをお願いする場合、その費用はかかりますが)合法的に大きな節税ができる、フリーランス、自営業の人にとって利用しない手はない方法だといえるでしょう。

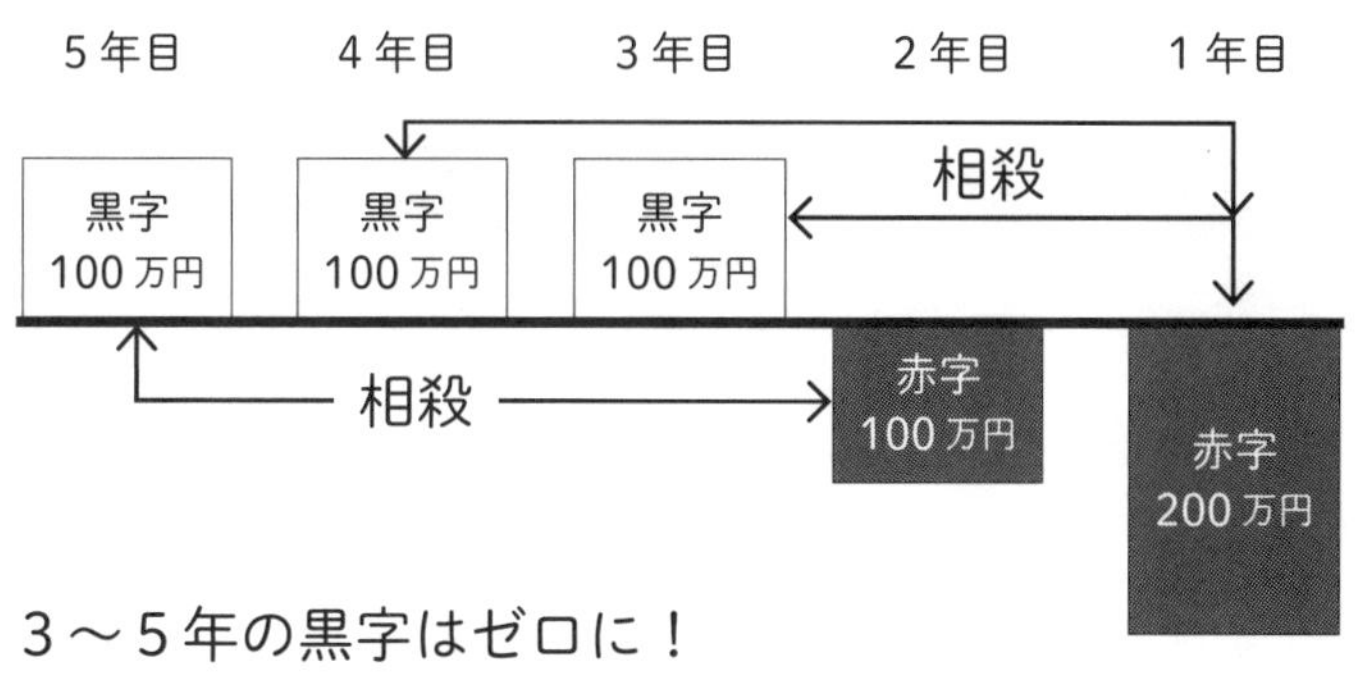

15

「経費を使って課税所得を減らそう」という考え方はＮＧ

青色申告と小規模企業共済のコンボによって節税をする、というのが、最強の節税術。経費を使って課税所得を減らそうとするのはＮＧ！また、確定申告で戻ってきた還付金は、翌年以降の住民税などの支払いのために、できるだけとっておきましょう。

青色申告や小規模企業共済で節税をすると…

適度に節税しながら、きちんとお金を手元に残すことができる。

経費を使って課税所得を減らそうとすると…

税金自体は減っても、経費貧乏に陥るおそれがある。

すでにお伝えしたように、フリーランス、自営業の人の節税方法として、青色申告と小規模企業共済（プラス青色事業専従者による節税）の組み合わせは最強です。これに勝る方法はほかにありませんから、必ず利用し、節税しながら老後の資金や、いざというときの資金を作りましょう。

いくら税金を払いたくないからといって、やたらと経費を使い、課税所得を減らそうとするのは考えものです。

たまたま利益が多く出た年に、いずれ必要になるものをあえて買っておくというならまだよいのですが、そうでない場合は、経費貧乏に陥る可能性があるからです。

青色申告や小規模企業共済など、合法的な方法によってできるだけの節税をしたら、**払うべき税金はきちんと払い、あとのお金はきちんと管理**して、必要なことに使うなり、貯金や投資にまわすなりしましょう。

なお、納めるべき所得税額が源泉徴収された額よりも少なかった場合には、確定申告してから1か月〜1か月半後に、還付金が戻ってきます。

還付金は、ときには何十万円、何百万円にもなりますから、フリーランス、自営業の人にとっては、**非常に大きな臨時収入**です。

そのため、還付金が入ってくると、つい気が大きくなり、旅行に行ったり、高いお店で食事をしたりしてしまう人もいるかもしれません。

もちろん、ときには贅沢をし、生活を楽しむことも必要ですが、還付金の使いすぎには注意が必要です。

なぜなら、確定申告の結果を踏まえて、6月以降に、住民税や国民健康保険料などを支払わなければならないからです。

前年の課税所得が多ければ多いほど、当然のことながら、住民税や国民健康保険料の額も高くなります。

翌年も同程度以上の収入が見込めるなら、まだよいのですが、フリーランス、自営業の人の場合は、どうしても収入に波があります。

いざというときに困らないためにも、還付金はできるだけキープしておくことをおすすめします。

なお、確定申告が必要であるにもかかわらず、しなかった場合は、当然のことながら、還付金は戻ってきません。

それどころか、いくつかのペナルティーが科されます。

まず、確定申告をせず、税務署から指摘があった場合には、「期限後申告」を行うことになりますが、その際、納税額のうち50万円までの部分には15%、50万円を超える部分には20%の無申告加算税が上乗せされます(自ら期限後申告を行った場合は、無申告加算税は５％に減額されます）。

また、所得税の納付期限を過ぎると、延滞税もかかりますし、悪質な所得隠しがあった場合は、「重加算税」も課されます。

還付金をきちんともらうためにも、ペナルティーを科されないためにも、確定申告は期限内にきちんと行いましょう。

16

これだけおトクな青色申告！申請は3月15日までに！

「今年から青色で申告したい」と思っても、必ずしもその通りにできるわけではありません。その年の1月～12月分の確定申告を青色で行いたい場合には、3月15日までに「青色申告承認申請書」を税務署に提出する必要があります。思い立ったらすぐに手続きをしましょう。

3月15日までに「青色申告承認申請書」を出すと…

その年から青色で確定申告できる。節税できる。

3月15日以降に「青色申告承認申請書」を出すと…

青色で申告できるのも節税できるのも1年遅くなる。

ここまでお読みになったみなさんの中には、「今度から青色申告にしよう」と思ったものの、「白色から青色にするには、どうしたらいいかわからない」という人もいらっしゃるかもしれませんね。

そのような方のために、青色への切り替え方、青色での申告の仕方について、簡単にお話ししておこうと思います。

青色申告の始め方は、非常にシンプル。

新たに事業を始めた場合でも、それまで白色申告だった人が青色申告に変える場合でも、事前に以下の**書類を税務署に提出するだけ**で、青色申告を始められます。

電子証明書つきマイナンバーカードをお持ちなら、インターネットを利用して、「e－TAX」（電子申告・納税システム。173ページ参照）から提出することもできます。

・個人事業の開業・廃業届出書

・青色申告承認申請書

いずれも税務署でもらうことができますが、国税庁のホームページからダウンロードすることも可能です。

このうち、「個人事業の開業・廃業届出書」は、個人事業主としてビジネスを始めたことを税務署に報告する書類であり、青色であろうと白色であろうと提出しなければなりません。

一方、「青色申告承認申請書」は、青色申告者になりたい旨を申請する書類です。

ここで気をつけなければならないのが、提出期限です。

「個人事業の開業・廃業届出書」は開業から1か月以内に提出する必要があり、「青色申告承認申請書」は、原則として、「個人事業の開業・廃業届出書」に記入した開業日が1月1日～1月15日の場合は、その年の3月15日までに、開業日が1月16日以降の場合は、そこから2か月以内に提出する必要があります。

それまで白色申告だった人が青色申告に変える場合は、「個人事業の開業・廃業届出書」はすでに提出済みであるため、新たに「青色申告承認申請書」のみを提出します。

その場合も、青色申告で申告を行う事業年度の3月15日が提出期限となり、

1日でも遅れると、青色申告できるのが1年先に延びてしまいます。

たとえば、2019年（2019年1月～12月）分の確定申告を青色で行いたい場合は、2019年3月15日までに「青色申告承認申請書」を提出しなければなら

ないわけです。

ちなみに、「青色申告承認申請書」には、「簿記方式」の欄と「備付帳簿名」の欄があります。

65万円の青色申告特別控除を受けたい人は、必ず次のようにしてください。

・簿記方式……「複式簿記」を丸で囲む
・備付帳簿名……「現金出納帳」「売掛帳」「買掛帳」「経費帳」「固定資産台帳」「預金出納帳」「総勘定元帳」「仕訳帳」の8つを丸で囲む

青色申告を始めるために、前もって必要な作業はこれだけです。

もし書き方などでわからない点があれば、お近くの税務署に相談しましょう。

また、148ページでお伝えした、青色申告の特典②「家族への給与が、全額必要経費として認められる」を利用したい人は、次の書類も提出する必要があります。

・青色事業専従者給与に関する届出書
・給与支払事務所等の開設届出書
・源泉所得税の納期の特例に関する申請書

このうち、「青色事業専従者給与に関する届出書」は、事業を開始してから2か月以内、事業開始後に家族を社員（専従者）にする場合は、雇用開始から2か月以内に提出しなければなりません。

なお、「青色事業専従者給与に関する届出書」には、専従者に支払う給与を記入する欄があります。

実際の支給額は、届け出た金額以下であれば大丈夫ですが、だからといって届け出の金額を高く設定すると、税務署の方で却下（きゃっか）されることもあります。

家族以外の人を雇ったときに、どのくらいの金額でその仕事を任せるかを基準に考えるとよいでしょう。

さらに、家族であれ家族以外であれ、人を雇い、給与を支払う場合には、まず「給与支払事務所等の開設届出書」を提出し、以後は従業員の所得税を天引き（源泉徴収）して、税務署に納める義務が発生します。「給与支払事務所等の開設届出書」は、**専従者や従業員を雇ってから1か月以内**に提出しなければなりません。

源泉徴収した所得税は、原則的には毎月、税務署に納めなければなりませんが、従業員10人未満の個人事業主であれば、「源泉所得税の納期の特例に関する申請書」を提出すれば、年2回（1月と7月）にまとめて納付することができます。

あるいは、従業員に「扶養控除等申告書」を提出してもらっており、かつ月々の給料が8万8000円未満であれば、源泉徴収は免除されます。

確定申告の書類は、オンライン（e-Tax）で提出しよう！

青色申告をe-Taxで行うと、65万円の青色申告特別控除が受けられます。ただしそのためには、マイナンバーカードが必要。できるだけ早く準備をして、完璧な節税を目指しましょう。面倒な帳簿作りは、税理士さんに任せてもOK。

確定申告の書類をｅ－Ｔａｘで提出すると…

所得から65万円控除される。

確定申告の書類を税務署の窓口に提出すると…

所得から55万円だけ控除される。

これまで、「青色申告をすると、最大で65万円の青色申告特別控除が受けられる」とお伝えしてきましたが、65万円の控除を受けるには、いくつかの条件をクリアする必要があります。

その条件をごく簡単にまとめると、以下の2つとなります。

①複式簿記で帳簿を作る
②e－Taxによって確定申告を行っている

まず①ですが、帳簿には、誰にでも簡単に作ることのできる「簡易簿記」によるものと、少し複雑な「複式簿記」によるものの2種類があります。

そして、簡易簿記であれば10万円の、複式簿記であれば55万円または65万円の青色申告特別控除が受けられます。

簡易簿記で作る帳簿は、基本的には収支のみを記録する非常にシンプルなものであり、**白色申告で作らなければならない帳簿とほぼ同じレベル**です。

同じような作業をしても、白色なら控除額は0円、青色なら10万円ですから、「自分は簡易簿記でいいや」という人でも、青色申告にしておくべきです。

一方、複式簿記は少し複雑で、各取引の内容や事業の財務状態が詳しくわかるのですが、「仕分帳」「総勘定元帳」「現金出納帳」「売掛帳」「買掛帳」「経費帳」「固定資産台帳」の8つの帳簿を作成する必要があり、手間と時間がかかります。

みなさんの中には、「帳簿をつけたことがないし、こんな作業は無理だ」と思っている人もいるかもしれませんが、今は、最初にさまざまな設定をし、日々の取引を入力するだけで、自動的に帳簿を作ってくれるパソコンソフトもあります。

パソコンが使えて、時間やエネルギーのある人は、帳簿作成に関する本や、パソコンソフトに添付されているガイドブックなどを参考に、ご自身で帳簿や確定申告の書類を作ってみてもいいかもしれません。

もしそれも難しいということであれば、レシートや領収書、取引先から届く支払調書、各種控除証明書などをそろえて、税理士に相談しましょう。

費用は税理士によって異なりますが、経費の仕訳から帳簿作成、確定申告の書類作成までお願いした場合、相場としては、売上が500万円未満であれば10万円程度、500万円以上1000万円未満であれば15万円程度、1000万円以上だと20万円程度ということが多いようです。

それでも、**節税額を考えれば、十分に元は取れます**。

慣れない帳簿作成に時間と労力を費やすことを考えたら、税理士に委託してしまった方が、トータルではおトクだといえるかもしれません。

さて、青色で確定申告をする際には、帳簿や資料に基づいて作成した「確定申告書B」「青色申告決算書」の2種類の書類を期間中（原則として、例年2月16日～3月15日）に提出します。

いずれも、国税庁のホームページや税務署の窓口で入手することができます。

それらの書類および添付資料を窓口へ持参するか、郵送またはオンライン（ｅ－Ｔａｘ）で管轄（かんかつ）の税務署に提出し、受理されれば、確定申告は終了ですが、ここで、１７０ページでお伝えした条件②がからんできます。

65万円の青色申告特別控除を全額受けるためには、

確定申告書類は、ｅ－Ｔａｘで提出するようにしてください。

ｅ－Ｔａｘとは、オンライン（インターネット）で税金関係の申請・届出などが行える国税庁のシステムです。

ｅ－Ｔａｘを利用すれば、「個人事業の開業・廃業等届出書」「所得税の青色申告承認申請書」や確定申告に必要な書類を、自宅から提出することができます。

これまでは簡易簿記で10万円、複式簿記で青色申告をすれば、65万円の青色申告特別控除が受けられました。

ところが平成30年度の税制改革により、2020年分以降の所得税（および2021年度分以降の個人住民税）については、青色申告特別控除の控除額が3段階に分かれることとなり、複式簿記で青色申告をしただけだと控除額は55万円、書類を**e－Taxで提出して、初めて65万円の控除**が受けられることになりました（「仕訳帳および総勘定元帳について、電磁的記録の備付けおよび保存を行っている」場合も65万円の控除が受けられますが、少し難しいので割愛します）。

e－Taxを利用するには、

・市区町村の窓口でマイナンバーカードを取得する

・パソコンに、マイナンバーカードの電子証明書を使うための「利用者クライアントソフト（JPKI利用者ソフト。公的個人認証サービスのサイトからダウン

ロードできる）」をインストールする

といった準備が必要です。

なお、これまではマイナンバーカード内の電子証明書を読み取るための「ＩＣカードリーダー／ライター」が必要でしたが、２０２０年1月からは、スマートフォンでマイナンバーカードを読み取って利用することも可能になり、より簡単に確定申告などができるようになりました。

マイナンバーカードの取得には時間がかかりますから、確定申告の期日間際にあわてなくて済むよう、早めに手続きをしておきましょう。

ｅ－Ｔａｘのやり方についてわからない点がある場合は、国税庁やｅ－Ｔａｘのホームページをチェックするか、**税務署の窓口で相談**しましょう。

「確定申告」の
＼ 最強コンボ ／

青色申告

小規模企業共済

青色事業専従者給与

これが最強の節税対策！

ぐぐっと税金を減らそう

お金の超基本

第4章

フリーランス、自営業こそ、積極的にお金を増やそう

18

将来働けなくなったら…。その不安を解消できるのは、投資だけ！（貯金ではない）

フリーランス、自営業の人こそ、投資をするべきです。月々2万円ずつの積立投資（年率リターン6％）と、同じ額の積立預金では、20年後に手にするお金に約444万円もの差が生じます。「怖そう」「面倒くさそう」という先入観を捨て、さっそく投資を始めましょう。

月々2万円ずつ投資すると…

20年後に手にするお金は

924万円

（年率リターン6％で計算）

月々2万円ずつ預金すると…

20年後に手にするお金は

480万円

フリーランス、自営業の人はおそらく誰でも、多かれ少なかれ、次のような悩みや不安を抱えているのではないかと思います。

「体が元気なうちはいいけど、この調子で働き続けることができるのだろうか」
「今は知り合いから仕事がもらえているけど、知り合いがみんな現役を退いたり現場から離れたりしたら、仕事が来なくなるのではないか」
「老後の生活を、不自由なく送ることができるのだろうか」

こうした不安を打ち消すためには、今のうちにお金を稼ぎ、ためておく必要がありますが、収入はそう急激に増やすことはできません。

頼みの綱の国民年金も、もらえるのともらえないのとでは大違いですが、それだけで十分に生活していけるだけの額ではありません。

「**将来に備えて、今、自分にできる**ことはないだろうか」

そのような思いから、この本を手に取られた方も、たくさんいらっしゃるのではないでしょうか。

私はこれまで、フリーランス、自営業の人が今、目の前にある生活を、そして将来を楽しく幸せに過ごすために必要不可欠なこと、すなわち、

・お金をきちんと管理し、余計な支出（経費・家計費ともに）を省いて、手元に残るお金を増やし、生活費1年分以上の貯金を作ること
・国民年金や国民健康保険など、いざというときに頼りになる制度に、きちんと入っておくこと
・青色申告と小規模企業共済を利用して、節税しつつ、退職金（老後の資金）もしくはいざというときの資金を作ること

の大切さについてお伝えしてきました。

第4章では、さらに話を一歩進めて、みなさんにより安心して今後の人生を過ごしていただくため、**「積極的にお金を増やす方法」**をご紹介したいと思います。

その方法とは……「投資」です。

もしかしたらみなさんの中には、「投資」という言葉を目にして、とっさに「怖い」「面倒くさい」「難しそう」といった、ネガティブな気持ちを抱いた人がいるかもしれませんね。

実際、私のところに相談に来られるフリーランス、自営業の方でも、投資をやっている人は少なく、投資に対し拒否反応を示す人もいます。

そして、たいていみなさん、「ただでさえ生活に余裕がないのに、損をしたくない」「投資をやるならちゃんと勉強しなきゃいけないと思うけど、そんな時間はない」「一日中スマホやパソコンで値動きをチェックするなんて、とても無理」「そもそも、投資にまわすお金などない」とおっしゃいます。

しかし、私は断言します。

フリーランス、自営業の人こそ、投資をし、お金に働いてもらうべきなのです。

まずは、184ページの表を見てください。

これは、20年間、月々2万円ずつ銀行で積立預金した場合と、月々2万円ずつ、私がおすすめする方法で積立投資をした場合の、お金の増え方を示したものです。

いずれも、過去の実績に基づいて計算しています。

特に20年後、とても大きな差が開いていますよね。

毎月２万円ずつでもこれだけ差がつく！

年数	預金した場合 金額	投資した場合 金額
5年	120万円	139万円
10年	240万円	327万円
15年	360万円	581万円
20年	480万円	924万円

20年後の数字に注目。
444万円もお得。倍近い金額に！

注：投資は年率平均リターン６％で計算。投資の金額は1000円以下切り捨てで表記。

月々2万円ずつ積み立てるという行為や手間自体は同じなのに、20年後に手にする金額には、2倍近い差があります。

しかも、あとで詳しくお話しするように、この本で私がおすすめする投資方法は、非常にシンプルでわかりやすく、知識もいらず手間もかからず、損をしたり失敗したりするおそれがほとんどありません。

このやり方であれば、銀行に預金をするのと同じ感覚で、投資をすることができます。

預金する先が銀行か証券会社か、くらいの違いしかありません。

さらに投資であれば、預金だけでは決してためることのできない額のお金を、ショートカットしてためることができるのです。

「投資は怖い」「面倒くさい」「勉強してから始めたい」などと言っている場合では

ありません。

また、この**超低金利時代**、ほとんど金利がつかない銀行などにお金を預けても、あまり意味はありません。

安全、確実にお金を増やすことができる投資を、まずは始めてみましょう。

なお、少しだけ真面目な話をすると、国民が「預金から投資へ」と投資行動を変化させるのは、政府が望んでいることでもあります。

多くの人はあまり意識していませんが、預金も立派な投資です。

みなさんが金融機関に預けたお金は、そこからさまざまな企業に融資されます。

つまり、預金者は、金融機関を通じて、企業に間接的に投資しているわけです。

そして、**日本人の投資行動は長い間、預金**に偏(かたよ)っていました。

特に戦後、荒廃した経済・産業を立て直すうえで、金融機関が国民の財産をいったん集め、それを企業に融資する、というシステムを作る必要があったからです。

ところが、バブル経済の崩壊により、そのシステムが行き詰まりを迎えたため、近年、国は方針を変え、「国民が、金融機関に預けているお金を企業に直接投資し、長期運用すること」を望むようになりました。

実際、そうした政策を進めた金融庁の森前長官は「１０００兆円の個人資産のうち、３００兆円を投資に向けさせたい」と語っていたそうです。

加えて、少子高齢化の進展などにより、年金だけで国民の老後の生活を支えるのが難しくなったため、**国民一人ひとりが自分自身で老後の資金を作る**ことができるシステムを作る必要がありました。

そこで生まれたのが、２０１８年１月にスタートした「**つみたてＮＩＳＡ**」という制度です。

つみたてＮＩＳＡは、投資信託を積み立てていくので、初心者の方でも取りかかりやすく、できれば途中でやめていただきたくはないですが、売却も可能です。投資の入口としては最適な制度であるといえます。

国民がリスク（不確実性）を最小限におさえ、安心して投資できるようにするため、投資対象は「長期にわたって分散投資ができる、信頼性の高い投資信託」のみに限られており、「つみたてＮＩＳＡで得られた運用益は非課税となる」という、非常に大きなメリットが用意されています。

フリーランス、自営業の人のみならず、あらゆる日本人にとって、つみたてＮＩＳＡは「投資によって資産を増やすうえで、**またとない絶好の制度**」なのです。

今後、日本人にとっては、年金とつみたてＮＩＳＡこそが、老後の生活を支える柱となっていくはずです。

そして、私がおすすめする投資方法は、まさにこのつみたてＮＩＳＡを利用したものです。

繰り返しになりますが、積立預金をする感覚で、誰にでも簡単にでき、知識もいらず手間もかからず、損をしたり失敗したりするおそれはほとんどありません。

具体的なやり方については１９０ページ以降でお話ししますが、20年後に後悔しないためにも、みなさんにはぜひ、今すぐ始めていただきたいと思っています。

19 投資をするなら、まずはつみたてNISAが一番おすすめ！

つみたてNISAは、国民が投資によって自分自身で老後の資金を準備できるようにするため、国が作った制度であり、つみたてNISAを利用して得られた利益には税金がかかりません。非常におトクな制度なので、使わないとむしろ損です。

つみたてＮＩＳＡの口座で５００万円の利益が出ると…

税金が取られないから、
手元に残るのは５００万円。
つまり、１００万円得する！

通常の口座で５００万円の利益が出ると…

１００万円を税金にとられ、
手元に残るのは４００万円のみ。

この本で私がおすすめする投資方法は、非常にシンプルです。

ネット証券（楽天証券かＳＢＩ証券）の口座を開き、

つみたてＮＩＳＡで、「楽天・全世界株式インデックス・ファンド」（楽天ＶＴ）という投資信託を買う。

ただ、それだけです。

月々、いくらずつ投資にまわすかは、みなさんのご判断にお任せします。生活費1年分以上の貯金があり、小規模企業共済の掛金を払い、さらに余裕がある人であれば、つみたてＮＩＳＡでは年間40万円まで投資信託を買うことができますから、月々約３万３０００円分ずつ、楽天ＶＴを買ってもよいでしょう。

しかし、貯金の額が十分でない人、あまり余裕がなくて、小規模企業共済の掛金もさほど払えないという人であれば、**月々1000円でも3000円でも**、無理のない範囲でかまいませんから、**とにかく投資**を始めてみましょう。

さて、冒頭でいきなり、「やるべきこと」「買うべきもの」をお伝えしてしまいましたが、おそらくみなさんの中には、「つみたてＮＩＳＡって何？」「楽天ＶＴって何？」「そもそも、ネット証券の口座って、どうやって開けばいいの？」と思った人もいるでしょう。

そのため、ここでは「つみたてＮＩＳＡ」について、簡単に説明しておきたいと思います（口座の開き方については２４９ページ、楽天ＶＴについては２０２ページ以降で説明します）。

すでにお話ししたように、つみたてＮＩＳＡは「国民が直接投資をしながら、時間をかけて自分の資産を作ることができる」ことを目的として、2018年1月にスタートした制度であり、次のような特徴・メリットがあります。

・つみたてNISAの口座では、金融庁が認めた、一定の条件を満たす投資信託の積立購入しかできない
・つみたてNISA専用の口座で、積立で投資信託を買った場合、それによって得られた利益には20年間、税金がかからない
・非課税投資枠は年間40万円である

ちなみに投資信託とは、「投資家から集めたお金（ファンド）を、投資のプロであるファンドマネジャーが運用し、その成果に応じて、収益を投資家に分配する」というものです。

投資家が、ファンドマネジャーを信頼して運用を託すから「投資信託」と呼ばれているわけです。

ファンドマネジャーは、たくさんの投資家から集まった膨大なお金で、日本中もしくは世界中の企業などの株式や債券を買い、運用します。

つまり投資信託は、**複数の銘柄の株式や債券などの詰め合わせパック**のようなものであり、「投資家が、少ない資金で、複数の企業などに分散投資できる」という大きなメリットがあります。

「投資」と聞くと、多くの人は「株式（個別株）を買うこと」を連想されるのではないかと思います。

株式には、一株100円や200円で買えるものもありますが、いわゆる一流企業の株式になると、数千円、数万円のものが多く、最低取引株数（単元株）は、100株からと決まっています。

たとえば、一株4000円の会社の株式を100株買うためには、最低でも40万円の資金が必要となるわけです。

また、株式への投資で損をするリスクをおさえるためには、複数の銘柄の株式を買う必要があります。

一つの銘柄の株式だけしか持っていないと、その会社の株価が暴落したとき、大きな損失が発生してしまうからです。

複数の銘柄を持っていれば、たとえある会社の株式で損失が出ても、別の会社の株式で利益が上がれば、損失を減らす、もしくは利益を出すことができますが、そのためにはさらに多くの資金が必要になりますし、「どのような銘柄を組み合わせたらよいか」といった勉強や研究も必要となります。

ところが、投資信託なら、**一つの商品を買うだけで、簡単に分散投資**ができてしまいます。

投資先はファンドマネジャーが考えてくれるので、投資家が頭を悩ませる必要はありません。

貯金と投資お得なのは

投資って
どれを選べば
いいんだろ…
一番の
おすすめは
つみたてNISA
株
証券

つみたて
NISAは税金が
取られない
通常口座
利益
500万
税
100万
手元
400万
普通の口座だと
税金が取られるが…

つみたてNISA
の口座の場合
そのまま手元に
残る！
つみたてNISA
しーん
税
利益
500万

わ〜100万
得しちゃった
何に使おうかな
仮想通貨
金投資
GOLD
気が早いな

加えて、投資信託を月1回、決まった日に積立で購入すれば、買うタイミングによって損をするリスクも分散できます。

このように、安く、簡単に分散投資ができ、失敗する可能性が少ないため、投資信託は初心者にも優しく、手を出しやすい商品であるといえるでしょう。

ただ、投資信託にも、ローリスク・ローリターンの堅実なものから、ハイリスク・ハイリターンのものまでさまざまな商品があり、中には「高利回り」などの甘い言葉で購入者の興味を引きつつ、結局は販売している金融会社のみが儲(もう)かるような、ひどいものもあります。

その点、**つみたてNISAで買えるのは、金融庁が認めた商品**ばかりであり、安全性・信頼性はかなり高いといえます。

そして、つみたてＮＩＳＡの口座では、20年間に、最大で８００万円分の投資信託を積立で買うことができます。

前述した、月の積立上限額の約３万３０００円を、仮に5％の利回りで運用したとすると、20年後に得られる利益は５７０万円前後です。

通常の口座（課税口座）なら約20％の税金（約１１４万円）が引かれますが、つみたてＮＩＳＡの口座なら全額免除されるのです。

通常の口座なら、４５０万円程度になってしまう手取りの利益が、つみたてＮＩＳＡの口座なら**５７０万円まるまる手に入る**。

この差は大きいと思いませんか？

さらに、つみたてＮＩＳＡ口座で買った投資信託は、いつでも解約して現金に換えることができます。

万が一、まとまった現金が必要になった場合は、銀行などへの預金同様、「おろす」ことも可能なのです。

もっとも、一度投資信託を買ったら、その分の非課税投資枠は、たとえ途中で解約しても復活しません。

20年かけて８００万円分の投資信託を買ったとしても、途中で２００万円分を解約してしまうと、最終的に非課税メリットを受けられるのは６００万円分だけとなります。

１８４ページの表を見ていただければわかるように、投資は時間が経てば経つほど、複利効果（２１９ページ参照）によって、どんどん利益が大きくなりますから、つみたてＮＩＳＡの非課税メリットを最大限に活かし、得られる利益を最大化するためには、途中で解約せず、長期運用する必要があります。

ですから、つみたてＮＩＳＡで投資信託を買う場合には、できるだけ、当分使う予定のない余剰資金で購入するようにしましょう。

なお、つみたてNISAの口座を持つためには、ネット証券の口座（総合取引口座）を開く際に、手続きを行う必要があります。「NISAもしくはつみたてNISAの口座を作るかどうか」を確認されるので、「つみたてNISA」を選びましょう。

NISAの口座とつみたてNISAの口座は、まったく別ものであり、同時に両方持つことはできないので、誤ってNISAの口座を選ばないよう注意してください。

いずれかの証券会社に、すでに総合取引口座を持っている方は、ネットもしくは店頭で、新たにつみたてNISA口座の開設を申し込みましょう。

あなたの将来を「世界最強の会社」に任せよう

つみたてNISAで買うべき商品は、「楽天・全世界株式インデックス・ファンド」（楽天VT）という投資信託です。楽天VTは、世界最強の運用会社の商品を、日本で簡単に買えるようにしたものであり、現時点では、資産を増やすうえで最適の商品です。

楽天VTをつみたてNISAで買うと

運用収益：　740万円
合計　　：　1540万円

積立年数と金額の推移

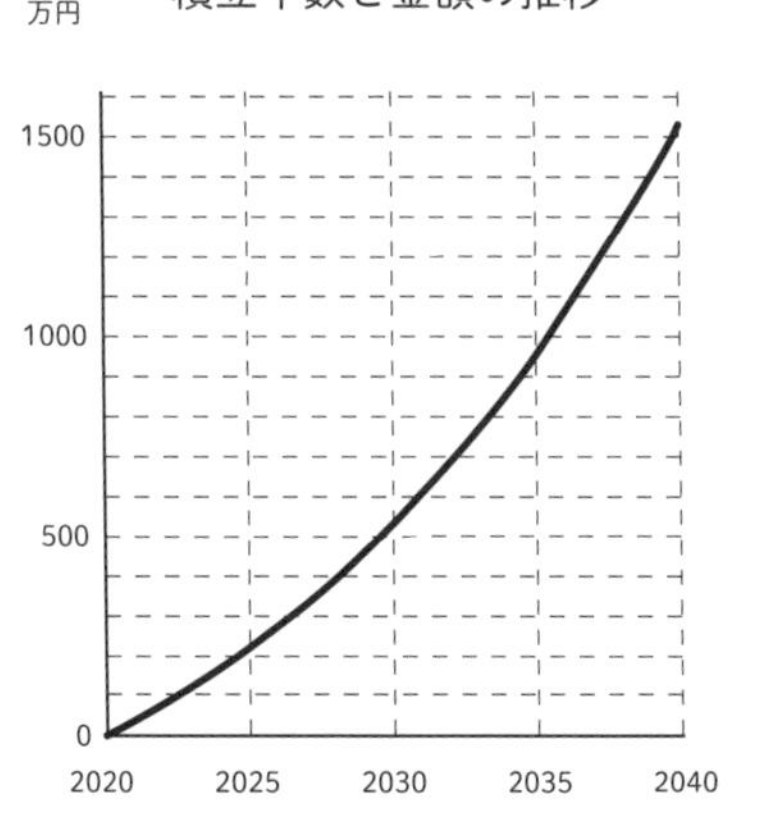

投資原本と運用収益

万円
1500
1000
500
0
最終積立金額

積み立てた（払った）金額
元本　　：　800万円

年間40万円、20年間運用した場合
年率平均リターン6％で試算

続いて、192ページでお伝えした、つみたてNISAでの購入をおすすめしたい商品、「楽天・全世界株式インデックス・ファンド」（楽天VT）についても、説明しておきたいと思います。

少々難しい話も出てきますが、「どんな商品なのか、きちんと知ったうえで買いたい」という人は、ぜひ読んでみてください。

私が楽天VTをおすすめする理由は、何といっても、

- **信頼性の高さ**
- **投資効果（利回り）の高さ**
- **コストの安さ**

にあります。

楽天ＶＴは、「楽天・バンガード・ファンド（全世界株式）」とも呼ばれています。

このうち楽天というのは、楽天ＶＴの運用会社である楽天投信投資顧問、バンガードというのは、アメリカの投資運用会社・バンガード社の社名から来ています。

楽天ＶＴは、楽天投信投資顧問とバンガード社の提携によって誕生した商品なのです。

そして、**バンガード社**は、個人投資家の利益を追求する運用会社として深く信頼され、「**世界最強の運用会社**」ともいわれています。

アメリカの『Pensions & Investments』誌に掲載された「世界の運用機関資産残高ランキング」によると、２０１７年末時点で、バンガード社の運用資産の総額は約4・9兆ドルとなっています。

これは、世界最大の資産運用会社であるアメリカのブラックロック社の約６・3兆ドルに次ぐ第2位の額であり、運用資産が多いということは、資産の運用を任せる投資家が多いということ、つまり信頼されているということです。

いずれバンガード社の運用資産総額は、ブラックロック社を抜いて、世界第1位になるのではないかともいわれています。

そんなバンガード社の商品の中でも、特に知名度の高いものの一つが、世界40か国強の主要企業の株式を投資対象とした「バンガード・トータル・ワールド・ストックETF」（VT）です。

VTは、40か国強、8100銘柄強の大型・中型・小型株で構成されている「FTSE®グローバル・オールキャップ・インデックス」を指標としており、全世界の投資可能な市場時価総額の、実に98％以上をカバーしています。

VTを買うだけで、広く世界中に分散投資でき、損をするリスクを低くおさえられるのです。

VTは、利回りも優れています。

ＶＴを直近１年／３年／５年／10年運用した場合のトータルリターン（投資金額に対する利益率を、価格の値動きと分配金の両方を考慮して算出したもの）は、下の表の通りです。

２０１９年６月末段階で、ＶＴにはアメリカの株式が50％強、国内株式も８％弱組み込まれており、マイクロソフト、アップル、アマゾン・ドット・コムなど、名の知られた企業の株式が、銘柄構成比率の上位に並んでいます。

新興国への投資比率は、たとえば中国株式が３％強、インド株式が１％強と、

期間	トータルリターン（年率）
1年	-1.08%
3年	12.18%
5年	7.84%
10年	10.80%

注:2019年7月末時点、円貨ベース。モーニングスター調べ。

あまり多くありません。

そのため、アメリカ株式ばかりを集めた投資信託や、ハイリスク・ハイリターンになる傾向が強い新興国の株式ばかりを集めた投資信託などに比べると、やや利回りは低くなりますが、リスクをできるだけおさえつつ、7~12%の利回りを確保しているのは十分に素晴らしいことではないかと、私は思います。

楽天ＶＴは、ＶＴを日本の個人投資家にも手軽に買えるようにした商品であり、こうしたＶＴのメリットをすべて兼ね備えているのです。

楽天ＶＴには、ほかにももう一つ、大きなメリットがあります。

それは、「**圧倒的なコストの安さ**」です。

投資信託を購入し運用すると、通常、

・購入時手数料（販売手数料）
・信託報酬（投資信託の運用管理費用）
・信託財産留保額（中途解約手数料のようなもの）

といったコストがかかりますが、投資で失敗しないためには、こうしたコストをできるだけ低くおさえることが重要です。

このうち、信託報酬とは、運用会社や販売会社に支払う手数料のことで、運用している資産の残高に対し、毎年一定の料率で発生します。

信託報酬の相場は年率0・1〜2％程度ですが、利益が出ようと損失が出ようと、投資信託を運用している間ずっと発生し続けるため、長期にわたって投資信託を保有する場合は、できるだけ料率の低いものを選ぶ必要があります。

わかりやすくいうと、信託報酬1％（年率）の投資信託を運用し、3％の利益（年率）が出たとしても、手元に残る利益は、信託報酬を引いた2％分となります。

1％以下の利益しか出なかったり、損失が出たりした場合は、信託報酬の分だけマイナスになってしまうわけです。

信託報酬が1％違えば、投資信託の保有期間が長くなるほど、最終的に得られる利益が大きく変わってきます。

バンガード社の商品は、信託報酬の低さでも定評があり、VTの信託報酬の料率は約0・08％、楽天VTの信託報酬を含むトータルコストは約0・21％です（2020年3月現在）。

楽天VTには楽天投信投資顧問の信託報酬等が上乗せされるため、VTを直接買うよりは高くなってしまいますが、相場からすると十分に低い料率だといえるでしょう。

以上が、**私が自信を持って楽天ＶＴをおすすめ**する理由です。

投資の世界は日々変化していきますから、今後、さらに優れた商品が登場する可能性もありますが（その際は私のツイッター、ブログ、書籍などでお知らせします）、現時点では、楽天ＶＴこそ、みなさんの資産を増やすうえで最適の商品だと私は考えています。

21

一度、投資を始めたら2~3年は続けてみよう！

投資は、基本的には長く続ければ続けるほどお金が増え、損をするリスクも下がります。逆に、最初の1~2年は、なかなかお金が増えません。一度投資を始めたら、まず2~3年は続けてみましょう。そうすれば、預金よりもおトクであることを実感できるはずです。

楽天VTを年40万円分ずつ買い、20年間持ち続けると…

700万円以上の利益を手にする可能性がある。

せっかく買った楽天VTをすぐに売ってしまうと…

たいした利益は得られず、場合によっては元本割れすることも。

さて、投資を始めるにあたり、みなさんにぜひ、心に留めておいていただきたいことがあります。

それは、

つみたてＮＩＳＡで購入した楽天ＶＴは、何があっても、最低でも２～３年は売らずに保持してください

ということです。

実は、この本を書いている2020年4月現在、私の元には非常に厳しいご意見も寄せられています。

私はほかの著書でも、読者のみなさんに投資をおすすめしているのですが、新型コロナウイルス・ショックにより、楽天VTを含め、多くの投資信託の価額が下がってしまったからです。

もしかしたらみなさんの中にも、「コロナショックによって株価が暴落した」というニュースを見聞きし、「やっぱり投資は怖い」と思っている人もいるかもしれませんね。

たしかに、投資において「絶対」「確実」はありません。

216ページの図は、過去の市場の動きを示したものですが、これを見ると、「市場は読めるものではなく、安定したものでもない」ということがおわかりいただけると思います。

投資の最大のリスクは、「長期的な不況が、老後資金を確実に守りたい60〜70代頃に訪れること」です。

その危険性がゼロではないということを頭の中に入れ、こうしたタイミングで投

過去の市場暴落（過去85年実績1926年～2011年12月）

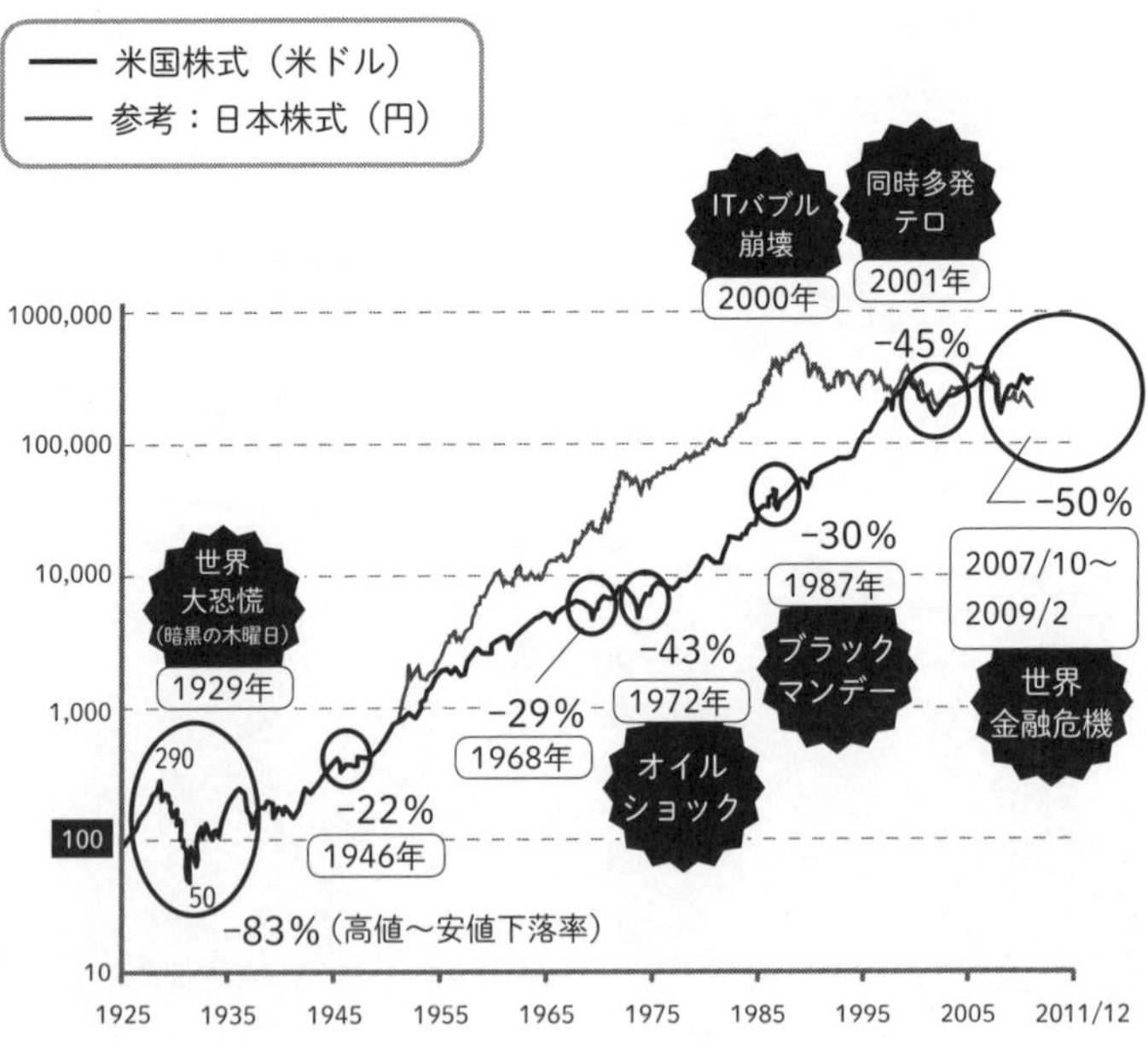

資信託を手放さなくて済むよう、いざというときに使える資金（貯金など）を準備しておくなり、恐慌などの影響を受けにくい公社債などに資産を分散させるなりしておいた方がよいかもしれません。

ただ、やはりグラフを見ていただければわかるように、たとえ恐慌が起こり一時的に暴落しても、**短くて3年、長くて10年ほど経てば、市場は回復し、**暴落時の影響を吸収したうえで、右肩上がりの成長をしています。

つまり、「お金に余裕がなく、長年の運用によって作った資産を、今すぐ全部解約して使わなければいけない」という状態でさえなければ、恐慌時や暴落時は、むしろ投資信託を安く手に入れるチャンスであるともいえるのです。

ふだんは積立で楽天ＶＴを買っている人でも、こういうときこそ「買いどきだ」と考え、あくまでも無理のない範囲で、スポット（一括）で買い増しをするのもありだと、私は思います。

楽天VTのような全世界型の商品の運用が決定的に破たんするのは、基本的には、世界経済が成長を完全にやめたとき、決定的に破たんするときです。

しかし、そのときはおそらく、金融機関への預貯金も含め、すべての投資が破たんするでしょう。

全世界型の商品に投資をするのは「世界の、今後の経済成長に懸(か)ける」ことです。

みなさんの中には「この投資のやり方は本当に正しいのか?」という疑問を持つ方もいらっしゃるかもしれませんが、実はそれが**一番合理的**なのです。

なお、投資を始めた人からは、よく「最初の1、2年はなかなか利益が出ず、『このまま、このやり方を続けていていいのだろうか』と思った」といった言葉も聞きます。

しかし、**最初のうち、利益があまり出ないのは当たり前**のことです。

投資の効果は、ある程度時間が経ってからあらわれるものだからです。

そして、そのカギとなるのが「複利効果」です。

銀行などにお金を預けると利息がついてきますが、預けたお金（元本）に対する利息の割合を示したものを「利率」といいます。

利息の額は「元本×利率」で計算でき、元本が大きくなれば、利息の額も大きくなります。

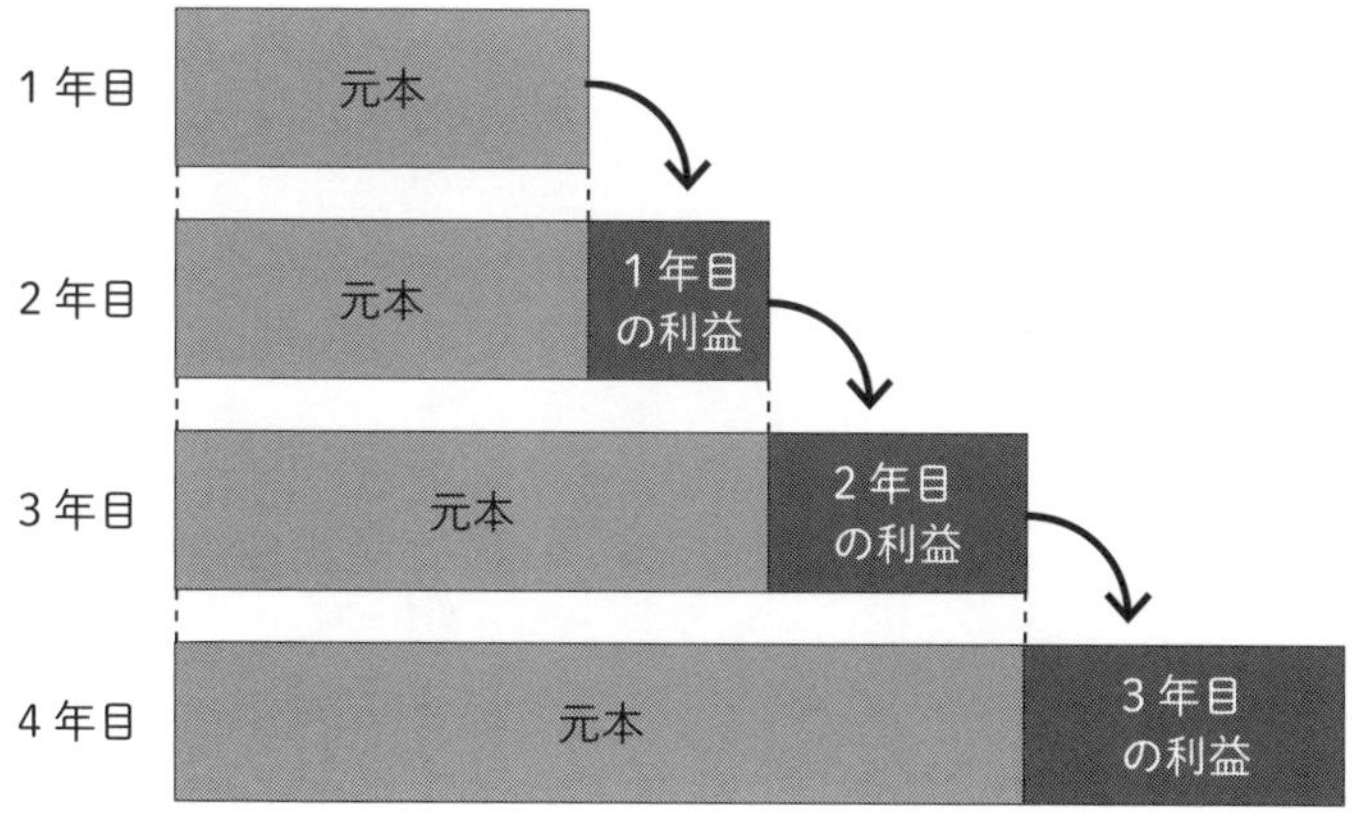

1年目	元本	
2年目	元本	1年目の利益
3年目	元本	2年目の利益
4年目	元本	3年目の利益

一方、投資の世界で「利率」に相当するのが、「利回り」です。

これは投資したお金（元本）に対し、毎年どれほどの利益が得られるかを示すものであり、やはり元本が大きくなれば、得られる利益も大きくなります。

そして「複利」とは、投資によって得た利益を再投資し（元本に組み入れ）、元本を少しずつ大きくすることによって得られる、より大きな利益のことを指します。

複利の場合は、いわば「**利息が利息を生む**」状態となり、時間が経てば経つほど、お金は加速度的に増えていきます。

最初のうちはあまりお金が増えなかったり、赤字になったりしても、数年後には、元本割れする可能性はきわめて低くなりますし、超低金利時代の今、銀行などに預けておくよりも、確実にお金は増やせるはずです。

フリーランス、自営業の人の将来にとって、つみたてＮＩＳＡによる資産作りは、国民年金や小規模企業共済と同じくらい大事な命綱です。

フリーランス、自営業の人が、貯金だけで、20年間で1800万円をためるのは、とても大変です。

でも、過去の実績からすると、つみたてNISAで毎年40万円分ずつ、20年間楽天VTの積立を続ければ、容易に実現可能なのです。

2016年に出版した『はじめての人のための3000円投資生活』、2019年に出版した『**貯金感覚でできる3000円投資生活　デラックス**』でもご紹介してきましたが、投資を続ける効果は絶大です。

投資を続けていくということは、常に家計を見直し、お金を管理し続けることにもつながりますから、自然と貯金も増えやすくなります。

すでに投資を始めている人たちの中には、

・40代夫婦　8年で：貯蓄400万円が1229万円に！
・50代夫婦　10年で：貯蓄ゼロが1348万円に！

など信じられないほど投資の結果が出ている方が本当にたくさんいます。

203ページでもご紹介したように、楽天VTを年40万円、20年間運用すれば1500万円もの貯蓄ができますし、生活費1年分の貯金を合わせれば、1800万円以上の貯蓄もまったく無理ではないのです。

どうでしょうか。わくわくしませんか。

できる範囲でかまいませんから、お金をしっかり管理し、ムダな支出を減らし、毎月歯を食いしばってでも、つみたてNISAでの投資を続けましょう。

また、フリーランス、自営業の人にとって、「将来的に厚生年金も退職金ももらえず、国民年金だけを頼りに生きていかなければいけないかもしれない」と思うことは、かなりのストレスやプレッシャーになるかもしれませんが、退職金は小規模企業共済で作ることができます。

さらに、つみたてNISAで投資を続ければ、厚生年金がない分をカバーしてあまりある資産を手に入れられる可能性があるのです。

とにかく、最初はどんなにつまらなくても、買った商品を持ち続けること。

不況のときこそ、バイ・アンド・ホールド（金融商品を買い、保持すること）。

この2つを心がけてください。

なお、楽天VTは投資を始めるにはぴったりの商品ですが、投資信託一つだけを持ち続けるより、複数の投資信託を購入する方がリスクは減ります。

詳しい投資法は、『貯金感覚でできる3000円投資生活　デラックス』に記していますので、ぜひこちらもお読みください。

「お金を増やす」
＼ 最強コンボ ／

つみたてNISA

楽天VT

20年（長期の時間）

つみたてNISAをやらない
という選択肢はない。
将来の自分のために！

お金の超基本

第5章

フリーランス、自営業のためのいざというときのセーフティネット

まずは自治体、自立相談支援機関に相談しよう

平成27年4月から、生活困窮者の支援制度が始まっています。地域の相談窓口、地元の自立支援機関などで相談ができますが、もしわからなければ自治体に問い合わせをしてください。資金が不足したり生活が困窮したりした場合は、まず第一に相談するべきです。

代表的な支援の紹介

◎自立相談支援事業

支援員が相談を受けて、どのような支援が必要かを相談者と一緒に考え自立に向けた支援を行う。

◎住居確保給付金の支給

離職などにより住居を失った、または失うおそれの高い人に、就職に向けた活動をするなどを条件に、一定期間、家賃相当額を支給。

◎家計相談支援事業

相談者が自ら家計を管理できるように、支援計画の作成、相談支援、必要に応じて貸付のあっせんなどを行い、早期の生活再生を支援。

◎生活困窮世帯の子どもの学習支援

子どもの学習支援をはじめ、日常的な生活習慣、居場所づくり、進学に関する支援など子どもと保護者の双方に必要な支援を行う。

◎一時生活支援事業

住居をもたない方、またはネットカフェ等の不安定な住居形態にある方に、一定期間、宿泊場所や衣食を提供。就労支援などの自立支援も行う。

◎そのほか、就労準備支援事業・就労訓練事業など

これまで、フリーランス、自営業の人のためのお金の管理の仕方、青色申告や小規模企業共済を利用した節税の仕方や老後の資金の作り方、つみたてNISAを利用した資産の増やし方についてお話ししてきました。

会社によっていろいろと守られているサラリーマンに比べ、フリーランス、自営業の人には、「保障」がほとんどありません。

2020年、新型コロナウイルスの影響により、客足が落ちたり、活動の自粛を余儀なくされたりしたため、飲食業やエンタテイメント関係者が苦境に陥り、話題となりましたが、災害などによって仕事がなくなったとき、フリーランス、自営業の人の生活を保障してくれるものはありません。

あるいは、病気やケガをして働けなくなったり、何らかの理由で仕事が減ったりしたとき、サラリーマンなら支給される傷病・休職手当金や雇用保険（失業給付金）などが、フリーランス、自営業の人にはありません。

生活費1年分以上の貯金や小規模企業共済、つみたてＮＩＳＡでの資金形成などにより、いざというときの対策を自分自身でとらなければならないのです。

ただ、人生には何が起こるかわかりません。

どれほど自衛の手段をとっていても、病気やケガが長引いたり、不況などにより仕事が減ったりして、たくわえた資金だけではやっていけなくなるかもしれません。

そんなとき、フリーランス、自営業の人が利用できるセーフティネットにはどのようなものがあるのか、２０１５年につくられた生活困窮者自立支援制度などを参考にし、私なりに考えてみました。

これらの制度は、要件がわかりにくく、自分が該当するかどうか判断できないという声が非常に多いのですが、せっかく制度として存在するのですから、もし使えるものがあるなら、利用するべきだと思います。

ここではまず、フリーランス、自営業の人の状況を大きく3つに分け、それぞれにとることのできる手段をご紹介しましょう。

①フリーランス、自営業を続ける意思がない人、または続けられる状況にない人

税務署に「個人事業の開業・廃業等届出書」を提出し（青色申告をしていた人は「青色申告の取りやめ届出書」、消費税を納めていた人は「事業廃止届出書」も一緒に提出）、小規模企業共済に入っている人は、共済金Aを受け取る手続きをし、当面の資金を準備します。

そのうえで、お住まいの**市区町村の役所の生活支援窓口**に相談してみましょう。ハローワークとの連携による就労支援を受けられるほか、貯金額や収入などにもよりますが、再就職を考えている人には、以下のような制度が用意されています。

・家賃の支払いが困難になった人は、「働く能力と再就職の意欲があり、ハローワークへ求職申し込みを行う」など一定の条件を満たせば、家賃に相当する金額を原則として3か月間支給してもらえる「**住宅確保給付金**」を受けられる可能性があ

る。

・雇用保険（失業手当）を受給できない人が、ハローワークの支援により職業訓練を受講する場合、一定の条件を満たせば、月々10万円の職業訓練受講給付金を受けることができる。

なお、会社員の人が失業した場合には、雇用保険をもらうことができますが、フリーランス、自営業の人は、雇用保険の適用外のため、基本的にはもらえません。ただし、事業を開始する前に、会社勤めなどをしていて雇用保険の受給資格を持っており、所定の雇用保険給付日数が残っている場合は、廃業届を出すことにより、**基本手当の受給を受けられる**場合があります。

念のため、ハローワークで確認してみましょう。

②フリーランス、自営業を続ける意思があり、小規模企業共済に入っている人

現在、フリーランス、自営業としての仕事がない人は、やはり税務署に個人事業

の廃業届を提出し、いったん共済金Aを受け取って、当面の資金を準備しましょう。生活を立て直し、事業再開のめどが立てば、事業届を再提出することもできますし、年齢によりますが、小規模企業共済に再加入することも可能です。

何らかの事情で廃業届を出したくない人は、元本割れのおそれはありますが、小規模企業共済の解約手続きをし、当面の資金を準備しましょう。

そのうえで、いったんお住まいの市区町村の役所の生活支援窓口へ行き、受けられる支援がないか、確認しましょう。

③フリーランス、自営業を続ける意思があり、小規模企業共済に入っていない人すぐ市区町村の役所の生活支援窓口へ相談し、生活福祉資金の貸付を受けるなり、生活保護の申請をするなりしましょう。

どのような生活支援制度があるかは、自治体によって異なりますが、医療費などの支払いが困難な人への資金の貸付制度や、ひとり親のご家庭を対象とした、お子さんの進学に必要な資金の貸付制度などが用意されていることもあります。

いずれの場合も、

完全ににっちもさっちもいかなくなる前に、早めにお住まいの地域の役所や社会福祉協議会などの窓口に相談することが大事です。

まずは一度、生活を立て直すことを考えましょう。

お金の超基本 23

借金がある人は債務整理を考えるべきである

もし生活苦から借金をし、どうしても返せる状態でなければ、債務整理をすることを考えましょう。特に、生活保護の申請を考えている人は、自己破産をした方がいいかもしれません。まず考えるべきなのは、あなたや家族の人生を守ることなのです。

債務整理をすると…

気持ちが軽くなり、
先のことを建設的に
考えられるようになる。

債務整理をしないと…

借金の返済に追われ、
生活を立て直すことができない。

私は今まで、数多くのフリーランス、自営業の人の相談を受けてきましたが、中には、借金を抱えている人もたくさんいらっしゃいました。

お金が管理できておらず、収入（手取り）に合わない生活を続けた結果、借金を重ねることになってしまった人もいれば、収入が減り、生活していくために、あるいは事業を継続するために、借金をせざるをえなかった人もいます。

もちろん、その時点での収入や借金の額などにもよりますが、こうしたご相談者に対し、債務整理をおすすめすることも少なくありません。

みなさんの中にも、もし借金の返済に苦しんでおり、生活が立ちいかなくなっている人がいたら、債務整理を検討してみてください。

債務整理とは、金融機関と交渉し、合法的に借金を減額、もしくはゼロにすることで、次の4種類があります。

①任意整理………弁護士などを介して、金融機関と交渉し、借金の減額や返済方法

の変更を行う。場合によっては、払いすぎていた金利分が戻ってくることもある

②特定調停……裁判所に特定調停の申し立てをし、自分で借金の減額や返済方法の交渉を行う。任意整理に比べて、大幅な減額をするのは難しい

③個人民事再生…裁判所に個人再生の申し立てをし、借金の減額や返済方法の変更を行う。返済が継続できる収入があることが、利用できる条件。借りたお金の総額が5000万円以下なら10分の1以下に、3000万円以下なら5分の1以下に減額することも可能で、任意整理より大幅に借金を圧縮できる。官報に氏名や住所が載る

④自己破産………裁判所に自己破産の申し立てをし、借金をゼロにする。基準を超えた財産が没収される、官報に氏名や住所が載る、手続き中は職業や資格に制限がかかる、税や社会保険料、罰金などは免責にならず、払うまで残る、といったデメリットがある

どの債務整理を使っても個人信用情報機関に事故として登録されるので、新たにクレジットカードを作ったり借り入れたりすることが一定期間できなくなります。

なお、金融機関との交渉を弁護士や司法書士に依頼する場合は、成果報酬（ほうしゅう）が発生します。

まずは信頼できる法律家を探し依頼するのがよいのですが、身近に法律専門家がいない場合、費用の捻出（ねんしゅつ）が難しい場合は、**お近くの「法テラス」に相談**しましょう。法テラスでは、経済的に困っている人を対象に、無料の法律相談も実施していますし、適した法律専門家を紹介してもらったり、費用を立て替えてもらったりすることもできます。

また、生活保護の申請を考えていて、かつ借金を抱えている人には、自己破産をすることをおすすめします。

借金があっても生活保護を受けることはできますが、借金を返しながら生活保護を受けることはできません。

そして、先に挙げた債務整理の①~③の方法では、借金はなくならないため、返済の義務が生じますし、もし生活保護を受けている間に借金を返したことがわかれば、生活保護の打ち切りなど、ペナルティーを科されることもあります。

ですから、**自己破産をしてから生活保護を受給する**、または生活保護を受給すると同時に自己破産をすることがよいとされています。

法テラスを使った場合、手続きが終了しても、生活保護が必要な状況なら、費用が免除されるからです。

「借りたお金は返さなきゃいけない」という義務感や責任感から、債務整理に二の足を踏んでしまう人は少なくありません。

たしかに債務整理は「最後の手段」ではありますが、ご自分や家族の**人生を守るために**も、まずは一度借金を整理し、生活を立て直すことを優先させましょう。

不況のとき、仕事がないときこそ気をつけたいハラスメント

収入が減ると、不安から、ついどんな仕事でも受けてしまいがち。でもそのために、クライアントからのパワハラに遭うおそれもあります。「質の悪い仕事」をきちんと断るためにも、ふだんから、いざというときのための資金を準備しておきましょう。

いざというときの資金があると…

お金にも気持ちにも余裕があるため、クライアントからのハラスメントに、きちんと対抗することができる。

いざというときの資金がないと…

クライアントからハラスメントを受けても、お金に余裕がないため、強く断ることができない。

会社によって守られていないフリーランス、自営業の人は、あらゆる場面において、どうしても弱い立場に立たされることが多くなります。

ふだんから、ギャラ交渉などにおいて、どうしても強く出られなかったり、ついつい無理な要求を聞いてしまったり、といった人は少なくないと思いますが、フリーランス、自営業の人は、どうしてもクライアントからのパワーハラスメントの被害に遭（あ）いやすい傾向があります。

それが特に顕著（けんちょ）になるのが、本人の加齢や不況などにより、仕事が減ってしまったときです。

仕事が少なくなると、人はどうしても生活のことが心配になり、普段なら断るような相手の仕事や、条件のよくない仕事でも、ついつい引き受けてしまったりするからです。

しかしそのような状態に陥っても、

できるだけ自分の身を守るための手段をとるよう心がけましょう。

「少しでもお金が欲しいから」「生活が心配だから」と、やたらと仕事を入れ、ストレスを抱えたり睡眠を削ったりした挙句、心身の健康を崩してしまっては、元も子もありません。

まず、初めてのクライアントや、お金に関してあまりいい噂を聞かない相手から仕事の依頼がきたときは、やりとりが形として残るよう、必ずメールで金額を明示してもらいましょう。

それを嫌がるような相手の仕事を受けると、金銭的なトラブルが起きたり、ハラスメントに遭ったりする可能性が高くなります。

フリーランス、自営業の立場の弱さ、経済的な困難さを理解している人なら、最初からきちんと、ギャラを提示してくれるはずです。

また、もし仕事をしている間に担当者との間で問題が起きたら、担当者本人ではなく、**相手が所属している会社の上司や、しかるべき部署と交渉**しましょう。

「そんなことをしたら、その会社との関係が切れてしまうのではないか」と不安になるかもしれませんが、ちゃんとした会社であれば、事実関係をしっかり確認し、もしあなたではなく、担当者の方に問題があるとわかれば、適切な対応をとってくれるはずです。

逆に、あなたの方が一方的に切られるようであれば、その会社自体がパワハラ体質であると考えてもいいかもしれません。

そして、どうしても気の進まない相手からの仕事を勇気をもって断れるようにするためにも、ふだんからきちんとお金を管理し、いざというときに頼れるお金を確保しておくことは、とても大事です。

2019年5月に「改正労働施策総合推進法」(パワハラ防止法)が成立し、労働者を保護するための措置義務が事業者に課されましたが、フリーランス、自営業など雇用されていない人については法律に規定がなく、防止の配慮や措置の責任者が存在していません。

ですから、**フリーランス、自営業の人は、何があっても冷静な判断を**下し、ある程度余裕を持って対処できるよう、あらゆる点で自衛の手段を講じておきましょう。

お金の超基本プラスアルファ

QUESTION / 1 /

付加年金は利用した方がいい？

付加年金は、国民年金の保険料に、月々400円の付加保険料を追加で納めることで、毎年、「200円×付加保険料納付月数」の金額を上乗せした年金を受け取ることができるというものです。たとえば、10年間付加保険料を払った人は、毎年、国民年金に2万4000円（月々2000円）を上乗せした額をもらうことができます。しかも付加保険料（年額4800円）も全額所得から控除されます。2年で元がとれる大変おトクな制度ですから、フリーランス、自営業の人はぜひ利用しましょう。

QUESTION / 2 /

ふるさと納税は利用した方がいい？

故郷や災害で困っている町など、応援したい自治体に寄付をすると、寄付控除が受けられて所得税や住民税が安くなり、さらに返礼品として、その土地の特産品がもらえる「ふるさと納税」。非常に魅力的な制度ですが、節税効果はさほど高いわけではありません。青色申告をきちんとやったうえで、お金や時間に余裕のある人だけ、節税目的というよりは寄付目的、返礼品を楽しむ目的で利用するといいでしょう。

QUESTION / 3 /

何から節約したらいいかわからない

「節約は大事だけど、何から手をつけたらいいの？」という方におすすめしたいのが通信費や光熱費の見直し、そして生命保険の見直しです。

まず通信費ですが、近年、格安スマートフォン（格安スマホ）を利用する人が急増しています。無料通話サービスは少ないのですが、無料通話アプリなどを利用すれば、あまり問題はないでしょう。電話番号はそのまま使えるし、利用料金は、大手キャリアの半分以下です。

インターネットに関しても、プロバイダを替えたり、スマホや電力・ガスとのセット割を利用したりすることで、月々数千円分の支出を減らせるかもしれません。

また光熱費については、2016年4月から電力の、２０１７年4月からは都市ガスの、小売りの自由化が始まりました。これにより、電気・ガスともに、さまざまな事業者が参入し、私たちは地域の電力会社やガス会社以外からも買うことができるようになりました。

事業者によっては、ポイント付与や電気、ガス、インターネット、電話などのセット割があり、四人家族の家庭で、電気代やガス代などを含めた年間の固定費が１万円以上も安くなるケースもあるようです。

QUESTION / 4 /

生命保険はどう見直す？

　保険は、損をする確率が高い金融商品です。そのため私は、貯金がある人は、基本的に医療保険は必要ないと思っています。貯金があれば、病気やケガをしても治療費はまかなえますし、国民健康保険に加入していれば、高額療養費制度を利用することもできるからです。

　ただし、フリーランス、自営業の人は、入院して収入が途絶えたとき、小さなお子さんがいる人は、親御さんに万が一のことがあったときのリスクは、貯金ではまかなえない可能性があるので、生命保険にはいることを検討したほうがいいでしょう。

QUESTION / 5 /

学資保険は入るべき？

　子どもの進学時に必要な教育資金を準備する学資保険。たいていは子どもが生まれたときに保険料の払い込みをスタートし、大学受験の頃に満期保険金がおります。契約期間内に契約者（親など）が死亡したり高度障害になったりした場合には、以後の保険料支払いは免除され、遺族は決まった時期に保険金を受け取ることができます。

　強制的に貯金ができるというメリットはありますが、現状では利回りがよくないため、おすすめはしません。それよりも、保険料分をつみたてNISAやiDeCoで運用した方が、よほど利回りがよく、節税にもなります。

QUESTION / 6 /

証券会社はどこがいい？

自宅で口座開設の申し込みができ、手数料が安く、商品も豊富なネット証券がおすすめです。いろいろな会社がありますが、楽天証券とSBI証券なら、つみたてNISAで楽天VTを買うことができます。

証券会社を決めたら、サイトの「口座開設申し込み」のページを開き、名前、生年月日、住所などを入力しましょう。その際、本人確認書類とマイナンバーの登録が必要です。後日、証券会社からIDやパスワードが記された書類が送られてきますから、それを使ってネット証券にログインし、取引をスタートしましょう。

QUESTION / 7 /

iDeCo は利用した方がいい？

iDeCoは、正式名称を「個人型確定拠出年金」といい、自分で掛金を積み立て、金融商品を選んで投資し、運用成績に応じた額の年金を60歳以降に受け取るというものです。掛金が全額所得控除され、運用益が非課税になるなど、節税メリットが高いのですが、60歳になるまでお金を引き出せません。ですから、まずはいざというときに引き出すことのできる、小規模企業共済やつみたてNISAにお金を回し、さらに余裕がある人だけ、iDeCoを利用しましょう。なおiDeCoでも、楽天VTの購入をおすすめします。

QUESTION / 8 /

インデックスファンドとは？

インデックスファンドとは、価額が、その市場全体の企業の株価の平均値と同じ動きになるよう作られた投資信託のことです。インデックスファンドには、日本株式を対象としたもの、先進国株式を対象としたものなどがありますが、日本株式のインデックスファンドなら、日本の代表的な企業や、東証一部上場企業の株価の平均値と同じ動きになることを目指し、作られています。

インデックスファンドは価格の変動が緩やかで、手数料が安く、大儲けはしないけれど失敗する可能性が限りなく低い、ローリスク・ローリターンな商品なのです。

QUESTION / 9 /

つみたてNISA以外で投資をしたい

一度投資を始め、お金が自然と増えていく楽しさを知ると、「ほかの投資も試してみたい」と思う人は少なくありません。そのような方には、手数料が安く安全性の高い、いくつかのインデックスファンドに投資されることをおすすめします。詳しくは拙著『貯金感覚でできる3000円投資生活DELUXE』をご覧ください。

なお、金融機関にすすめられた投資信託やハイリスク・ハイリターンな投資信託、個別株、不動産への投資、FXなどには、手を出さないでください。それらは、結局は損をする可能性が高いからです。

おわりに

貯金、小規模企業共済、つみたてNISA…。何から手をつけたらいいか悩んだら

私は、いままで数多くのフリーランス、自営業の方に貯金、小規模企業共済、つみたてNISAをおすすめしてきました。

その際、よく「お金を管理する、ためる大切さはわかったけれど、何から始めたらいいかわからない」とご質問をいただきます。

年齢や貯金の額、所得、家族構成など、人それぞれ状況が異なるため、一概(いちがい)には言えないのですが、私は次のような手順がいいのではないかと思っています。

①貯金額を増やす

②貯金ができるようになったら、無理のない範囲でつみたてＮＩＳＡ開始
③1年分以上の生活費がたまったら、または目途がたったら、つみたてＮＩＳＡを増額し、小規模企業共済を開始

フリーランス、自営業の人が生活を守るためには、やはり貯金は必須です。

いきなり、投資や小規模企業共済にお金をまわすよりも、本書で紹介してきたお金の超基本をおさえ、家計を見直し、経費を削減し、まずは貯金体質になっていただいたほうが、後々のためにもよいと思います。

もし、一年分以上の生活費をためるまで時間がかかってしまう場合は、ある程度継続して貯金ができるようになったところで、つみたてＮＩＳＡを始めましょう。数千円でもかまいませんので、少額から投資をスタートさせ、「投資について学びながら」貯金を増やしていくのもありです。

「投資をするようになってから、節約が楽しくなった」、「少しでも投資にまわそうと思い、ムダ遣いをやめた」という人もたくさんいます。

貯金や投資ができるようになり、小規模企業共済にもお金をまわせるようになれば、もうあなたはお金の上級者です。

青色申告、小規模企業共済で節税した分を貯金、投資にまわすなど、いいループが生まれ、どんどん資金が増えていく状態を作ることができるでしょう。

ただ、どうしても余分なお金がないという方から相談を受けたとき、おすすめしているのが、フリーランス、自営業の人の副業です。

フリーランス、自営業にとっての副業

フリーランス、自営業の人で、隙間（すきま）時間があるという人は、その隙間時間を利用して副業をするべきだと思います。

収入が目減りしているにもかかわらず、本業にこだわるあまり、生活苦に陥る、貯金が目減りする、投資にお金をまわせないという状況は好ましくありません。

最近では複数の職種の仕事を抱えて働く（マンションの営業+ｗｅｂデザイナーなど）、パラレルワーカーという言葉が一般化しつつありますが、そこまで大げさに考えず、普段の仕事と離れて、本業とはまったく異なる、息抜きになるようなことを、週に1回でもやるのはいかがでしょうか。

こういう仕事だったらやってみたいと思うものを組み込み、月2～3万円でも収入が上がれば、それだけ貯金や投資にまわせるお金が増えます。

特に投資にまわすお金は、月々それほど多くはありませんので、副業で稼いだお金で投資をし、将来大きなリターンを狙うというのも夢があります。

少額投資ならぬ、少額副業は意外とあなたの役にたつはずです。

お金の超基本をおさえ、「お金の管理」を始めれば、人生の楽しみ方、働き方も変わり、可能性は無限に広がっていきます。

何年かのちに、この本を読んでよかったと思っていただけたら、望外の喜びです。

２０２０年4月　横山光昭

ゼロからわかる!

フリーランス、自営業のためのお金の超基本

発行日　2020年 4月24日　第1刷
発行日　2022年11月21日　第5刷

著者　横山光昭

本書プロジェクトチーム
編集統括　柿内尚文
編集担当　栗田亘
編集協力　村本篤信、サイドランチ
カバーデザイン　小口翔平(tobufune)
本文デザイン　廣瀬梨江
校正　荒井順子

営業統括　丸山敏生
営業推進　増尾友裕、綱脇愛、桐山敦子、矢部愛、高坂美智子、相澤いづみ、寺内未来子
販売促進　池田孝一郎、石井耕平、熊切絵理、菊山清佳、山口瑞穂、吉村寿美子、矢橋寛子、遠藤真知子、森田真紀、氏家和佳子
プロモーション　山田美恵
講演・マネジメント事業　斎藤和佳、志水公美、程桃香

編集　小林英史、栗田亘、村上芳子、大住兼正、菊地貴広、山田吉之、大西志帆、福田麻衣
メディア開発　池田剛、中山景、中村悟志、長野太介、入江翔子
管理部　八木宏之、早坂裕子、生越こずえ、名児耶美咲、金井昭彦
マネジメント　坂下毅
発行人　高橋克佳

発行所　株式会社アスコム

〒105-0003
東京都港区西新橋2-23-1　3東洋海事ビル
編集局　TEL：03-5425-6627
営業局　TEL：03-5425-6626　FAX：03-5425-6770

印刷・製本　中央精版印刷株式会社

Printed in Japan ISBN 978-4-7762-1078-8